VEGETARISCH KOCHEN
KÖSTLICH WIE NOCH NIE

Eva Rittinger

VEGETARISCH KOCHEN
KÖSTLICH WIE NOCH NIE

Das große GU Bildkochbuch
mit verlockenden Vollwertrezepten.

Die Farbfotos gestalteten
Susi und Pete A. Eising.

GU GRÄFE UND UNZER

Sie finden in diesem Buch

Über dieses Buch

Vegetarische Vollwertkost

Schonende Garmethoden

Wichtig zu wissen

Suppen, Salate und Saucen

Gemüse, Kartoffeln und Hülsenfrüchte

Hauptgerichte mit Getreide

Brot, Brotaufstriche und Gebäck

Süßspeisen und Desserts

Zum Nachschlagen

Der Inhalt des Buches von A bis Z

Wichtiger Hinweis

Kaufen Sie möglichst nur gereinigtes Getreide. Denn Schmutz und Unkrautsamen (vor allem Samen der giftigen Kornrade) dürfen nicht enthalten sein. Das gleiche gilt auch für das heute wieder häufiger auftretende Mutterkorn, das vor allem den Roggen befällt. Es ist ein deutlich erkennbares, schwärzliches und meist stark vergrößertes Korn. In größeren Mengen verzehrt (etwa 5 bis 10 g) ruft es lebensgefährliche Vergiftungserscheinungen hervor. Die Gefahr ist allerdings relativ gering, wenn Sie, wie empfohlen, gereinigtes Getreide kaufen.
Essen Sie Schoten oder Samen von Hülsenfrüchten nie roh. Erst durch ausreichendes Garen wird das darin enthaltene natürliche Gift, das Phasin, unschädlich gemacht. Beim Keimen wird dieses Gift nur teilweise abgebaut; deshalb sollten auch Sojabohnenkeimlinge nicht zu oft verzehrt und grundsätzlich kurz erhitzt oder blanchiert gegessen werden.

Über dieses Buch

Beim Stöbern in den Kochbuchabteilungen vieler Buchhandlungen stößt man in letzter Zeit immer häufiger auf verschiedenartigste Bücher über vollwertige und/oder vegetarische Ernährung. Die Wahl fällt schwer. Ich bin der Meinung, daß Sie mit diesem liebevoll ausgestatteten Bildkochbuch etwas ganz Besonderes gekauft haben. Denn es unterscheidet sich in einem wichtigen Punkt von anderen. Die Rezepte, die ich dafür ausgewählt habe, wurden nämlich hundertmal und öfter probiert, verbessert, verfeinert und erneut gekocht. Als Ernährungsberaterin arbeite ich unter anderem an Volkshochschulen und anderen Erwachsenenbildungsstätten. Neben allgemeiner Ernährungslehre mache ich die Kursteilnehmer mit den Lebensmitteln der Vollwertküche vertraut und stelle ihnen die besten Zubereitungsmethoden vor. Dann wird gemeinsam gekocht. Beim anschließenden Essen sind oft auch die Kinder dabei, die ebenso wie die Erwachsenen begeistert sind von den kulinarischen Ergebnissen. Zu Hause dienen die Rezepte oft als Anregung und verleiten zum Experimentieren. Viele solcher abgewandelter Rezepte bekomme ich wieder zurück. Aus dem Fundus dieser umfangreichen Sammlung entstand dieses Buch. Bei der Auswahl der Rezepte legte ich vor allem großen Wert darauf, daß die Gerichte leicht gelingen und von allen gern gegessen werden. Sie sollten nicht »alternativ« oder »exotisch« schmekken, sondern einfach richtig gut.

Vegetarisch zu kochen ist mehr, als nur das Fleisch ersatzlos zu streichen. Notwendig ist es vor allem, die Mahlzeiten so zusammenzustellen, daß der Körper mit allen wichtigen Nährstoffen in ausreichender Menge versorgt wird. Oft genügt dafür schon eine geeignete Beilage oder Nachspeise. Rezepte dafür sind in diesem Buch genügend enthalten. Doch nicht nur die Zusammenstellung, sondern auch die nährwertschonende Zubereitung der Lebensmittel ist wichtig. Zu Beginn des Buches finden Sie deshalb Schritt-für-Schritt-Abbildungen für den richtigen Umgang mit Gemüse und andere wichtige Zubereitungsmethoden.

Das erste Rezeptkapitel widmet sich Suppen, Salaten und Saucen. Neben bekannten Gemüsesuppen wie Minestrone finden Sie hier auch neue Ideen für die vegetarische Küche wie Hafersuppe mit Möhren oder Bohnensuppe mit Spinat. Alle Suppen sind als Hauptgerichte gedacht, die sich – mit Rohkost vorweg – zu einer kompletten Mahlzeit ergänzen lassen. Rezepte für Rohkost, die für die vegetarische Vollwertkost unentbehrlich ist, sind ebenfalls in diesem Kapitel aufgeführt. Ob Sie nun nach einem Vorspeisensalat oder nach einem kleinen Salat fürs Abendessen suchen: es ist für jede Gelegenheit etwas dabei. Die Rezepte für die Saucen sorgen für geschmackliche Abwechslung.

Gemüse, Kartoffeln und Hülsenfrüchte werden in der vegetarischen Küche nicht nur als Beilagen, sondern oft als komplette Mahlzeiten serviert. Sie lassen sich erstaunlich vielfältig zubereiten und enthalten wichtige Nährstoffe. Ich biete Ihnen eine Auswahl an schnellen Gerichten – beispielsweise Frühlingsgemüse mit Bierschaumsauce – und herzhaften Aufläufen, die sich besonders gut zur Bewirtung von Gästen eignen. Ein Beispiel für die schmackhaften Gerichte mit Hülsenfrüchten sind Linsen-Gemüse-Küchlein.

Getreide ist für die vegetarische Ernährung unentbehrlich. Denn im vollen Korn sind wichtige Vitamine, Mineral- und Ballaststoffe enthalten. Nudelmahlzeiten, ob mit selbstgemachten oder mit gekauften Vollkornteigwaren, sind problemlos zuzubereiten. Für Gerichte mit ganzen Getreidekörnern wie Buchweizenring mit Gemüsestreifen oder Grünkernauflauf mit Gemüse brauchen Sie zwar etwas Zeit, aber dafür haben Sie auch komplette, schmackhafte Mahlzeiten. Servieren Sie auch hier als Auftakt immer Rohkost.

Verblüfft stellen meine Kursteilnehmer immer wieder fest, wie einfach es ist, knuspriges Vollkornbrot selbst zu bakken. Besonders selbstgemachte Brötchen finden großen Anklang. Vielfach erprobte Rezepte dafür finden Sie in einem eigenen Kapitel. Vegetarische Brotaufstriche, die schnell zubereitet sind, schmecken gut dazu. Außerdem enthält dieses Backkapitel auch Rezepte für Kuchen und Weihnachtsgebäck, mit denen Sie von Anfang an Erfolg haben.

Süßspeisen und Desserts mit naturbelassenen Zutaten schmecken köstlich. Hier finden Sie etwas aufwendigere Gerichte – wie Apfelstrudel – neben schnellen Desserts wie Obstsalaten, die auch Ungeübten leicht gelingen.

Im letzten Kapitel stelle ich Ihnen Zutaten vor, die in den Rezepten verwendet werden. Besonders wichtige Lebensmittel für die vegetarische Küche, wie zum Beispiel Getreide, habe ich dabei ausführlicher beschrieben als andere. Die zusätzlichen Anregungen, wie sich das erwähnte Lebensmittel in der Küche am besten verwenden läßt, sind sicher eine Hilfe für Sie.

Zum Schluß noch ein besonders wichtiger Aspekt – das Anrichten. Die bestechend schönen Farbbilder – jedes Rezept wurde exklusiv fotografiert – vermitteln einen Eindruck von der Vielfalt vegetarischer Gerichte und den Möglichkeiten, sie zu servieren. Denn es stimmt wirklich, daß das Auge mitißt. Bei vielen Gelegenheiten konnte ich mich davon überzeugen, wie wichtig diese »Nebensache« ist. Nutzen Sie also den Vorteil dieses prächtigen Bildkochbuches und lassen Sie Ihrer Fantasie freien Lauf.

Und nun wünsche ich Ihnen viel Spaß beim Nachkochen und Probieren der Gerichte

Ihre
Eva Rittinger

Wenn nicht anders angegeben, sind alle Rezepte für vier Personen berechnet. Übrigens, die Abkürzungen kJ und kcal unter den Rezepten bedeuten Kilojoule und Kilokalorien.

Vegetarische Vollwertkost

Die »normale« Durchschnittskost versorgt uns nicht ausreichend mit den notwendigen Nährstoffen. Dies zeigt auch eine Gegenüberstellung des »Ist«- und »Soll«-Verbrauchs der Nährstoffe, die die Deutsche Gesellschaft für Ernährung, Frankfurt, erstellt hat. Eine Folge davon ist die rasche Zunahme ernährungsbedingter Krankheiten wie Herz-, Kreislauferkrankungen, Übergewicht, Stoffwechselstörungen und andere mehr.

Unserem Organismus müssen regelmäßig Stoffe mit der Nahrung zugeführt werden, aus denen er körpereigene Verbindungen bildet. Die energieliefernden Stoffe sind Eiweiße (Proteine), Fette und Kohlenhydrate. Nicht energieliefernd sind die Vitamine, Mineralstoffe, Spurenelemente und das Wasser. Sie alle sind dafür verantwortlich, daß der Stoffwechsel ungestört ablaufen kann. Die Ballaststoffe haben einen günstigen Einfluß auf die Darmfunktion. Die Ballaststoffe im Obst beispielsweise helfen Gallensäure zu binden und aus dem Körper zu entfernen. Sie tragen dadurch zur Senkung des Cholesteringehaltes bei.

Durch eine falsche und mangelhafte Ernährung wird der Stoffwechsel gestört. Leider verursacht dies zunächst keine Schmerzen. Der Übergang von Gesundheit zu Krankheit ist fließend. Manche Folgen wie Karies treten rasch auf, andere wie Übergewicht, Bluthochdruck, erhöhte Blutfett-, Harnsäure- und Blutzuckerwerte, Stuhlverstopfung und Dickdarmkrebs zeigen sich oft erst nach Jahren oder Jahrzehnten.

Durch eine vollwertige Ernährung wird der Körper mit allen lebensnotwendigen Nährstoffen versorgt. Dadurch werden die Leistungsfähigkeit gesteigert und die körpereigenen Abwehrkräfte mobilisiert, und man schützt sich vor Zivilisationskrankheiten.

Die vegetarische Vollwerternährung ist eine In der Hauptsache ovo-lactovegetabile Kost. Das heißt, sie besteht aus Eiern, die jedoch nur sparsam verwendet werden, aus Milchprodukten und aus pflanzlichen Produkten wie Vollgetreide, Obst und Gemüse, Nüssen, Samen und kaltgepreßten Ölen.

Von Kollath stammt der Satz: »Laßt unsere Nahrung so natürlich wie möglich.« Das bedeutet, die Lebensmittel sollen so wenig wie möglich bearbeitet sein. Das beginnt bereits beim Anbau: Die Produkte sollten aus kontrolliertem Anbau stammen, da sie schadstoffärmer (zumindest was die Belastung mit Insektenvertilgungsmitteln und ähnlichem betrifft) und nährstoffreicher sind. Die Hälfte dessen, was gegessen wird, sollte roh verzehrt werden. Bei der Rohkost tritt kein Nährstoffverlust durch Erhitzung auf, sie besitzt einen hohen Sättigungswert und schützt so vor Übergewicht. Zur Rohkost zählen unerhitztes Gemüse und Obst der Jahreszeit, Keimlinge, Nüsse und Samen, Rohmilch, kaltgepreßte Öle und milchsaure Gemüse. Die erhitzte Kost sollte ebenfalls aus frischen, nicht industriell verarbeiteten oder konservierten Lebensmitteln hergestellt werden. Zum Beispiel Getreide im Ganzen oder frisch gemahlen zubereiten und auf Auszugsmehle verzichten. Sparsam mit Honig oder ungeschwefelten Trockenfrüchten süßen und auf Industriezucker verzichten. Stets frische Gemüse der Saison oder tiefgefrorene Gemüse verwenden. Keine Konserven oder Treibhausware verarbeiten. Butter und kaltgepreßte Öle raffinierten und gehärteten Fetten vorziehen.

Noch etwas zur Nahrungsmenge: Wenn Sie die Empfehlungen der Vollwerternährung beherzigen, werden Sie keine Gewichtsprobleme haben: Die Hälfte der Nahrung als Rohkost und diese stets vor der erhitzten Kost essen. Als Morgenmahlzeit einen Frischkornbrei mit frischen Früchten der Saison und Trockenfrüchten, Nüssen, Samen und eventuell wenig Honig zubereiten. Wenn Sie trotzdem einmal etwas abnehmen möchten, legen Sie einen Fastentag ein.

Beurteilen Sie Ihre Nahrung nicht ausschließlich nach dem Energiegehalt, also nach dem Kaloriengehalt, sondern nach der Nährstoffdichte: Reichlich Nährstoffe bei geringer Kalorienmenge besitzen beispielsweise Vollgetreide, Gemüse, Kartoffeln und Obst. Essen Sie vier oder fünf kleine Mahlzeiten pro Tag, das ist für Ihren Organismus bekömmlicher als drei große. Ab und zu dürfen Sie sich ein Stück Kuchen gönnen. Beachten Sie aber, daß Kuchen, auch wenn er aus Vollgetreide und mit alternativen Süßungsmitteln zubereitet wurde, ein Genußmittel und kein Grundnahrungsmittel ist.

Auch die Flüssigkeitszufuhr ist ein wichtiges Kapitel der Ernährung. Unser Körper besteht zu etwa 70% aus Wasser. Dies ist Füllsubstanz für Zellen und Gewebe, Lösungs- und Transportmittel für Nährstoffe, Hormone und Enzyme. Der tägliche Flüssigkeitsbedarf eines Erwachsenen beträgt 2 bis 2,5 l. Etwa ¾ l werden mit der Nahrung aufgenommen, der Rest muß getrunken werden. Außer den Ölen sind alle Lebensmittel mehr oder weniger wasserhaltig. Obst und Gemüse enthalten bis zu 90% Wasser. Trinken Sie am besten kohlensäure-, nitrat- und natriumarme Mineralwässer oder Früchtetees. Kräutertees, wie Kamillen-, Kümmel- und Pfefferminztee sollen nur bei Bedarf oder kurmäßig über 3 Wochen getrunken werden, dann müßte eine ebenso lange Pause folgen.

Zu einer gesunden Lebensweise zählen außer vollwertiger Ernährung eine positive Lebenseinstellung, Wechsel zwischen Spannung und Entspannung sowie regelmäßige Bewegung an der frischen Luft.

Schonende Garmethoden

Dämpfen

Dämpfen ist Garen in strömendem Wasserdampf. Das Gargut liegt auf einem Siebeinsatz und kommt mit der Flüssigkeit nicht in Berührung. Dämpfen ist die beste Garmethode für Kartoffeln, ganze Möhren, rote Bete und Sellerie. Es ist ungeeignet für Hülsenfrüchte, Spargel, Weiß- und Rotkohl.
Dem Dämpfwasser können Gewürze, wie beispielsweise Kümmel, zugesetzt werden. Manche Edelstahltöpfe können durch ein Zwischenstück zu Dampftöpfen »umgebaut« werden. Das Gemüsewasser sollte verwendet werden, wenn Gemüse aus kontrolliertem Anbau zubereitet wurde.

In einen Topf etwa 3 cm hoch Wasser einfüllen und zum Kochen bringen. Die Zugabe von Salz ist nicht erforderlich.

Dünsten

Dünsten ist Garen im eigenen Saft ohne Bräunung bei geringer Fett- und/oder Flüssigkeitszugabe und einer Temperatur zwischen 98° und 100°. Diese Garmethode ist geeignet für kleingeschnittenes Gemüse, Obst und für Eintopfgerichte. Gewürze werden gleich mitgegart, damit sie ihr Aroma voll entfalten können. Salzen sollten Sie, wenn überhaupt, erst kurz vor dem Servieren.
Wasserreiche Lebensmittel wie Pilze und Tomaten können nach dem Andünsten ohne weitere Flüssigkeitszugabe im eigenen Saft gegart werden.

In einem Topf wenig Fett aufschäumen lassen und nach Belieben Zwiebel- und Knoblauchwürfel darin glasig braten.

Quellen

Quellen ist ein Garverfahren, bei dem Lebensmittel durch Erwärmen in Wasser Flüssigkeit aufnehmen und so ihr Volumen vergrößern. Diese Garmethode wird für Getreide, Getreideprodukte und Hülsenfrüchte verwendet. Beim Quellen dieser stärkehaltigen Lebensmittel muß eine Temperatur von mindestens 70° erhalten bleiben. Das gequollene Getreide kann als Beilage serviert werden, oder man bereitet daraus Salate, Gratins und Aufläufe.

Das Getreide zuerst abwiegen, dann in einer Tasse abmessen. Mit der Tasse die doppelte Menge Wasser abmessen, würzen und mit dem Getreide zum Kochen bringen.

Garen im Wasserbad

Das Garen oder Zubereiten im Wasserbad ist geeignet für empfindliche Speisen, die Eier enthalten und bei starker Hitze gerinnen oder anbrennen würden. Durch das Aufschlagen mit dem Schneebesen oder den Quirlen des Handrührgerätes entsteht eine cremig luftige Masse. Sollte das Wasser im Wasserbad ungewollt zum Kochen kommen, löschen Sie es mit kaltem Wasser ab, das Sie sich in einer Tasse bereit stellen.

Für das Wasserbad benötigen Sie einen Wassertopf, in den Sie einen Siebeinsatz oder ein Dreibein stellen können, damit das Rührgefäß den heißen Topfboden nicht berührt.
Das Wasser im Topf soll kurz unter dem Siedepunkt bleiben und darf nicht kochen.

Das Gemüse im Siebeinsatz in den Topf geben und den Deckel auflegen. Das Gemüse je nach Sorte weich dämpfen.

Das Gemüse heiß halten. Mit dem Dämpfwasser eine Sauce bereiten und das Gemüse damit begießen; nach Belieben auch in Butter gebräunte Vollkornbrösel darüber streuen.

Das Gemüse, wie hier die Erbsen, hinzufügen und kurz andünsten.

Wenig heiße Gemüsebrühe angießen, und das Gemüse je nach Sorte weich dünsten. Prüfen, ob noch Flüssigkeit im Topf vorhanden ist und nötigenfalls noch etwas heiße Brühe nachfüllen.

Das Getreide im Wasser zugedeckt bei schwächster Hitze ausquellen lassen.

Das gequollene Getreide mit gedünsteten Gemüsen mischen, mit Käse bestreuen oder nach Belieben in einer Auflaufform überbacken.

Die Eigelbe mit einem Schneebesen schaumig schlagen.

Die aufgeschlagene Sauce in eine vorgewärmte Sauciere umgießen und während des Abkühlens häufig umrühren, damit sich keine Haut bildet.

Wichtig zu wissen

Orangen filieren

Für feine Obstsalate oder auch zum Verzieren anderer Desserts lohnt es sich, die Orangen zu filieren. Beim Auslösen des Fruchtfleisches läuft Saft aus, den Sie möglichst auffangen sollten. Bei der Zubereitung von Obstsalaten können Sie den Saft dann unter die Fruchtmischung mengen. Andere Zitrusfrüchte wie Grapefruits werden auf die gleiche Art filiert.

Die Orange zuerst mit einem scharfen Messer gründlich schälen, so daß auch die weiße Haut entfernt wird.

Tomaten häuten

Für Tomatensaucen oder auch -suppen werden die Tomaten am besten von den Häuten befreit, da diese in den Gerichten nach dem Garen stören würden. Außerdem entfernt man auch die Stielansätze und – falls die Tomaten noch nicht ganz reif sind – die grünen Kerne.

Die Tomaten am runden Ende mit einem scharfen Messer über Kreuz einritzen. Die Tomaten mit kochendem Wasser übergießen und darin ziehen lassen, bis sich die Häute abzulösen beginnen.

Spätzle zubereiten

Selbstgemachte Spätzle aus Vollkornteig schmecken ausgezeichnet und lassen sich mit Hilfe eines Spätzlehobels ganz leicht zubereiten. Geübte Köche können den Teig auch – wie es in Schwaben üblich ist – von einem Brett in das heiße Wasser schaben. Spätzle schmekken, in etwas Butter geschwenkt, als Beilage oder lassen sich beispielsweise mit Käse im Ofen überbacken.

Spätzleteig soll weich und zäh sein, jedoch keinesfalls zu flüssig. Konturen, die Sie mit einem Kochlöffel ziehen, müssen einige Zeit sichtbar bleiben.

Strudelteig ausrollen

Strudelteig aus Vollkornmehl läßt sich aufgrund der gröberen Mehlbeschaffenheit nicht mit den Händen ausziehen. Damit der Strudel trotzdem dünn und knusprig wird, rollen Sie den Teig am besten zwischen zwei Lagen Klarsichtfolie aus.

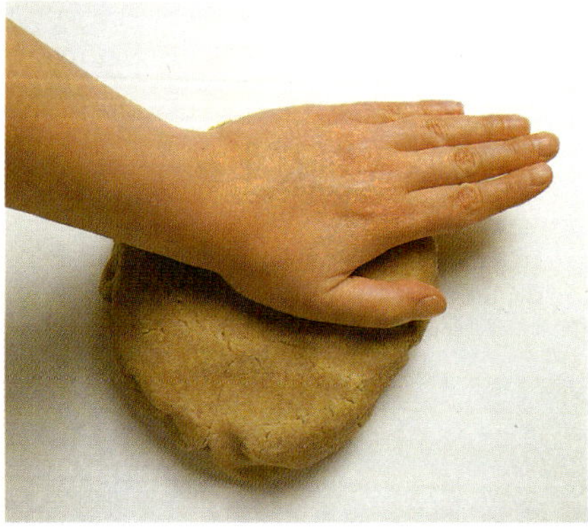

Den Strudelteig müssen Sie so lange kräftig mit den Händen durchkneten, bis er schön geschmeidig und glatt ist. Der Teig darf keine Risse oder trockene Stellen haben.

Die einzelnen Orangenfilets dann ebenfalls mit einem scharfen Messer so von den dünnen Trennwänden abschneiden, daß sie sich ablösen lassen.

Die fertig ausgelösten Orangenfilets möglichst sofort weiter verarbeiten, damit sie nicht an der Oberfläche austrocknen.

Die Tomaten in einem Sieb oder auf dem Schaumlöffel kalt abschrecken. Die Häute lassen sich dann ganz leicht abziehen. Jetzt auch die Stielansätze entfernen.

Die Tomaten längs vierteln und eventuell von den Kernen befreien. Die Tomaten dann je nach Rezept weiter verarbeiten.

Den Teig portionsweise in den Spätzlehobel füllen und in das kochende Wasser hobeln. Sie sollten nicht zuviel Teig auf einmal verarbeiten, sonst kleben die Spätzle zusammen.

Wenn die Spätzle an die Oberfläche steigen, sind sie fertig. Die Teigwaren mit dem Schaumlöffel aus dem Wasser heben und abtropfen lassen.

Den Teig nach der Ruhezeit noch einmal durchkneten, dann auf eine Lage Klarsichtfolie geben. Den Teig etwas flach drücken, mit einer zweiten Lage Folie bedecken und mit dem Nudelholz so dünn wie möglich ausrollen.

Wenn der Teig schön dünn ist, die obere Lage Folie abziehen. Den Strudelteig wie im Rezept füllen und mit Hilfe der Folie zusammenrollen. Dann in die Backform gleiten lassen.

Suppen, Salate und Saucen

Cremige Suppen mit Gemüse oder kräftige Brühen mit Getreide oder Hülsenfrüchten wie Hafersuppe mit Möhren oder Bohnensuppe mit Spinat sind komplette, köstlich schmeckende Hauptgerichte, die leicht gelingen. Rezepte für Rohkost, die man den Prinzipien der Vollwertkost gemäß vor jedem gekochten Gericht servieren sollte, finden Sie ebenfalls in diesem Kapitel. Ob rohe Gemüsesalate als Auftakt einer Mahlzeit (die Abbildung zeigt den Wirsingsalat mit Champignons, Rezept Seite 31) oder sättigende Salate mit Hülsenfrüchten als Ersatz für ein Abendessen; es ist für jede Gelegenheit und jeden Geschmack etwas dabei.
Am Ende dieses Kapitels finden Sie eine Auswahl an Saucen, die Sie zum kreativen Kochen anregen soll.

Feine Cremesuppen

Schmecken als Vorspeise oder kleine Mahlzeit

Broccolicremesuppe

im Bild links

500 g Broccoli · 1 l Wasser
2 Scheiben altbackenes Vollkornbrot · 2 Eßl. Butter
75 g Crème fraîche · etwa 2 gehäufte Teel. vegetarische Brühe · Salz · frisch gemahlener weißer Pfeffer · 2 Prisen frisch geriebene Muskatnuß
2 Prisen gemahlener Kümmel

Pro Person etwa 830 kJ/200 kcal
6 g Eiweiß · 14 g Fett · 11 g Kohlenhydrate · 5 g Ballaststoffe

Zubereitungszeit: 40 Minuten

Den Broccoli waschen, putzen und in Stücke schneiden. Die Stiele eventuell schälen und je nach Größe halbieren oder vierteln. • Den Broccoli mit Wasser bedeckt in einem Topf zum Kochen bringen, dann zugedeckt bei schwacher Hitze in etwa 20 Minuten weich kochen. • Das Brot in kleine Würfel schneiden und in der Butter bei mittlerer Hitze rundherum knusprig braten. Dann warm halten. • Den Broccoli im Mixer oder mit dem Pürierstab pürieren. Wenn Sie keines der beiden Geräte besitzen, die Suppe kräftig mit dem Schneebesen schlagen, bis der Broccoli zerkleinert ist. • Das restliche Wasser hinzugießen, die Suppe noch einmal erhitzen und mit der Crème fraîche verfeinern, mit der Brühe, Salz, Pfeffer, dem Muskat und dem Kümmel abschmecken. • Die Suppe in einer vorgewärmten Terrine servieren und die Brotwürfel getrennt dazu reichen.

Mein Tip: Besonders fein schmeckt die Suppe, wenn Sie die Hälfte des Wassers durch trockenen Weißwein ersetzen.

Avocadocremesuppe

im Bild rechts

1 Zitrone · 4 reife Avocados
1–1¼ l Wasser · etwa 3 Teel. vegetarische Brühe · frisch gemahlener weißer Pfeffer
Salz · 125 g Crème fraîche
Currypulver

Pro Person etwa 2100 kJ/500 kcal
4 g Eiweiß · 54 g Fett · 3 g Kohlenhydrate · 6 g Ballaststoffe

Zubereitungszeit: 15 Minuten

Die Zitrone auspressen. Die Avocados halbieren und entkernen. Das Fruchtfleisch mit einem Teelöffel aus den Schalen lösen und zusammen mit dem Zitronensaft und etwa ¼ l Wasser im Mixer oder mit dem Pürierstab pürieren. Oder das Fruchtfleisch mit einer Gabel fein zerdrücken und durch ein Sieb streichen. • Das Avocadopüree mit dem restlichen Wasser verrühren und mit der Brühe abschmecken. • Die Suppe bei schwacher Hitze erwärmen, aber keinesfalls kochen. Mit Pfeffer und nach Bedarf auch etwas Salz abschmecken. • Die Suppe in vorgewärmte Suppentassen geben. Jede Portion mit 1 Eßlöffel Crème fraîche garnieren und mit Currypulver bestäuben.

Mein Tip: Avocados sind reif, wenn sie am Stielende auf Druck leicht nachgeben. Die Farbe der Schale macht über den Reifegrad von Avocados keine Aussage, da es auch Sorten mit dunkler Schale gibt.

Würzige Gemüsesuppen

Eine Suppe für den Sommer, eine für den Winter

Tomatensuppe mit Sherry

im Bild links

2 Zwiebeln · 1 Stange Lauch
2 Möhren · 100 g Knollensellerie · 1 Eßl. Butter · 1 l heißes Wasser · 1,5 kg Tomaten
etwa 50 ccm trockener Sherry
Salz · 2 Prisen frisch gemahlener weißer Pfeffer · 2 Prisen edelsüßes Paprikapulver
1 Eßl. Ahornsirup · 4 Zweige Dill
100 g Crème fraîche

Pro Person etwa 1100 kJ/260 kcal
6 g Eiweiß · 14 g Fett · 23 g Kohlenhydrate · 11 g Ballaststoffe

Zubereitungszeit: 1 Stunde

Die Zwiebeln schälen und hacken. Vom Lauch nur die weißen und hellgrünen Teile verwenden. Das Wurzelende entfernen, den Lauch halbieren, waschen und in Streifen schneiden. Die Möhren und den Sellerie waschen, schälen und würfeln. • Die Butter in einem Topf erhitzen. Die Zwiebeln darin glasig dünsten, dann alle vorbereiteten Gemüse dazugeben und bei mittlerer Hitze zugedeckt 5 Minuten dünsten. Bei Bedarf etwas Wasser hinzufügen. • Inzwischen die Tomaten waschen, mit einem scharfen Messer über Kreuz einritzen und mit kochendem Wasser überbrühen. Die Tomaten häuten, zerkleinern und zur Suppe geben. • Alles zugedeckt weitere 20 Minuten köcheln lassen. • Das gegarte Gemüse durch ein Sieb streichen und mit dem restlichen Wasser wieder zum Kochen bringen. Den Sherry dazugeben und die Suppe mit Salz, dem Pfeffer, dem Paprikapulver und dem Ahornsirup abschmecken. • Die Dillzweige waschen und trockentupfen. • Die Suppe in vorgewärmte Suppentassen füllen und mit je 1 Tupfer Crème fraîche und dem Dill garnieren.

Selleriecremesuppe

im Bild rechts

Zutaten für 4–6 Personen:
1 große Sellerieknolle
1½ l Wasser · etwa 3 gehäufte Teel. vegetarische Brühe
1 Prise frisch geriebene Muskatnuß
150 g Crème fraîche
eventuell Salz

Bei 6 Portionen etwa 545 kJ/135 kcal · 3 g Eiweiß · 11 g Fett
6 g Kohlenhydrate · 7 g Ballaststoffe pro Person

Zubereitungszeit: 45 Minuten

Den Sellerie schälen und in Scheiben schneiden, dann würfeln. • Die Selleriewürfel mit etwa ¾ l Wasser zum Kochen bringen, dann zugedeckt bei mittlerer Hitze in etwa 15 Minuten weich kochen. • Den Sellerie mit einem Schaumlöffel aus der Brühe heben. Die Hälfte davon mit der Flüssigkeit im Mixer oder mit dem Pürierstab pürieren. Oder die Würfel durch ein Sieb streichen. • Die restlichen Selleriewürfel und das restliche Wasser zum Püree geben, zum Kochen bringen und mit der Brühe abschmecken. • Die Suppe mit dem Muskat und der Crème fraîche verfeinern und bei Bedarf nachsalzen.

Mein Tip: Ein besonders feines Aroma erhält die Suppe, wenn Sie beim Garen je 1 Zweig Thymian und Liebstöckel mitverwenden und das zarte Selleriegrün gehackt über die fertige Suppe streuen.

Sauerkrautsuppe mit Paprikaschoten

Schmeckt am besten mit Sauerkraut aus dem Faß

2 Zwiebeln · 500 g Sauerkraut
1 Eßl. Butterschmalz
¾ l heißes Wasser
¼ l trockener Weißwein, ersatzweise naturtrüber Apfelsaft · 1 gehäufter Teel. Kümmel · 2 rote Paprikaschoten
1 Prise frisch gemahlener schwarzer Pfeffer
1 gehäufter Eßl. edelsüßes Paprikapulver · 2 Knoblauchzehen · 150 g Crème fraîche

Pro Person etwa 1100 kJ/260 kcal
4 g Eiweiß · 19 g Fett · 10 g Kohlenhydrate · 5 g Ballaststoffe

Zubereitungszeit: 45 Minuten

Die Zwiebeln schälen und fein hacken. Das Sauerkraut kleinschneiden. • Das Butterschmalz erhitzen und die Zwiebeln darin glasig dünsten. Dann etwa 400 g Sauerkraut dazugeben und mit dem Wasser und dem Wein aufgießen. Den Kümmel untermischen. • Die Suppe zum Kochen bringen und 15 Minuten zugedeckt bei schwacher Hitze köcheln lassen. • Inzwischen die Paprikaschoten waschen und halbieren. Das Stielende, die weiße Haut und die Kerne entfernen. Die Schoten zuerst in Streifen, dann in Würfel schneiden. • Die Würfel unter die Suppe mischen und alles weitere 15 Minuten zugedeckt garen. • Die Suppe mit dem Pfeffer und dem Paprikapulver abschmecken. Die Knoblauchzehen schälen und durch die Presse drücken oder fein würfeln, dann unter die Suppe rühren. • Die Crème fraîche und das restliche Sauerkraut unter die Suppe mischen und alles noch einmal kurz aufkochen lassen, dann sofort servieren.

Mein Tip: Sie können nur 50 g Crème fraîche verwenden und 150 g milden, gewürfelten Schafkäse in der Suppe erhitzen.

Serbische Bohnensuppe

Die scharfe Suppe schmeckt auch mit gehackter Petersilie

300 g weiße getrocknete Bohnen · 1 l Wasser · 1 Bund Suppengrün · 2 Zwiebeln 1 Lorbeerblatt · 2 rote Paprikaschoten · 3 Eßl. kaltgepreßtes Olivenöl · 2 Knoblauchzehen 3 Eßl. Tomatenmark · nach Belieben etwa ⅛ l trockener Rotwein · 125 g Crème fraîche Salz · ½ Teel. getrockneter Majoran · Tabasco nach Geschmack

Pro Person etwa 2000 kJ/480 kcal 19 g Eiweiß · 20 g Fett · 48 g Kohlenhydrate · 19 g Ballaststoffe

Quellzeit: über Nacht
Zubereitungszeit: 1¼ Stunden

Die Bohnen mit dem Wasser bedeckt über Nacht einweichen. • Am nächsten Tag mit dem Einweichwasser zum Kochen bringen. • Das Suppengrün waschen, putzen und wieder zusammenbinden. 1 Zwiebel waschen, ungeschält halbieren, dann mit dem Suppengrün und dem Lorbeerblatt zu den Bohnen geben. Die Bohnen zugedeckt bei schwacher Hitze je nach Alter 50–60 Minuten köcheln lassen. • Die Paprikaschoten waschen, putzen und klein würfeln. Die restliche Zwiebel schälen und würfeln. • Das Öl erhitzen und die Zwiebel darin glasig braten. Die Schoten dazugeben. Die Knoblauchzehen schälen und durch die Presse dazudrücken. Das Tomatenmark und nach Belieben den Rotwein unterrühren und alles zugedeckt 5 Minuten dünsten. • Die Zwiebelhälften, das Suppengrün und das Lorbeerblatt aus dem Bohnentopf nehmen. • Das Gemüse zu den Bohnen geben und so viel Wasser angießen, daß eine Suppe entsteht, dann noch einmal aufkochen. Die Suppe mit der Crème fraîche verfeinern, mit Salz, dem Majoran und Tabasco abschmecken und heiß servieren.

Bohnensuppe mit Spinat

Schmeckt auch mit Mangold

250 g weiße getrocknete Bohnen · 1½ l Wasser · 250 g Spinat · 1 Zwiebel · 1 Eßl. Butter 2 Möhren · 1 Knoblauchzehe 200 g Crème fraîche · Salz 2 Prisen frisch geriebene Muskatnuß

Pro Person etwa 1900 kJ/450 kcal 17 g Eiweiß · 24 g Fett · 41 g Kohlenhydrate · 17 g Ballaststoffe

Quellzeit: über Nacht
Zubereitungszeit: 1¼ Stunden

Die Bohnen über Nacht in dem Wasser einweichen. • Am nächsten Tag im Einweichwasser zum Kochen bringen und zugedeckt bei mittlerer Hitze je nach Alter der Bohnen 50–60 Minuten köcheln lassen. • Den Spinat gründlich waschen und gut abtropfen lassen. Die groben Stiele entfernen. • Den Spinat in einem Topf zugedeckt erhitzen, bis er zusammenfällt, dann fein hacken. Die Zwiebel schälen und hacken. • Die Butter erhitzen. Die Zwiebel darin glasig dünsten. Dann den Spinat dazugeben. Die Möhren waschen, schälen und auf der Rohkostreibe mittelfein in den Spinat raspeln. Die Knoblauchzehe schälen und durch die Presse dazudrücken. • Alles verrühren und bei schwacher Hitze 10 Minuten zugedeckt dünsten. • Die Bohnen im Mixer oder mit dem Pürierstab mit dem Kochwasser pürieren. Oder die Bohnen zerstampfen und durch ein Sieb streichen. • Das Bohnenpüree mit dem Gemüse und der Crème fraîche verrühren, dann mit Salz und dem Muskat pikant abschmecken.

Mein Tip: Eine hohe biologische Wertigkeit erreicht das Eiweiß von Hülsenfrüchten durch Kombination mit tierischem Eiweiß: Servieren Sie Früchtequark als Nachtisch.

Beliebte Gerstensuppen

Sind auch als Eintopfgerichte bekannt

Bündner Gerstensuppe

im Bild links

2 Zwiebeln · 2 Möhren
1 Stange Lauch · 200 g Knollensellerie · 1 Eßl. Butter
75 g Nacktgerste · 1 l heißes Wasser · 1 Bund Schnittlauch
etwa 3 Teel. vegetarische Brühe
1 Eigelb · 2 Eßl. Sahne

Pro Person etwa 730 kJ/170 kcal
6 g Eiweiß · 8 g Fett · 19 g Kohlenhydrate · 7 g Ballaststoffe

Vorbereitungszeit: 25 Minuten
Garzeit: 50 Minuten

Die Zwiebeln schälen und klein schneiden. Die Möhren waschen, schälen und fein würfeln. Vom Lauch nur die weißen und hellgrünen Teile verwenden. Das Wurzelende entfernen, den Lauch der Länge nach halbieren, waschen und in feine Streifen schneiden. Den Sellerie schälen und würfeln. • Die Butter in einem großen Topf erhitzen. Die Zwiebeln darin glasig dünsten, dann die übrigen Gemüse dazugeben. • Die Gerste einstreuen, mit dem Wasser aufgießen und zum Kochen bringen. Alles zugedeckt bei schwacher Hitze in 45–50 Minuten weich kochen. • Den Schnittlauch waschen, trockentupfen und in Röllchen schneiden. • Die Suppe nach Belieben verdünnen. • Die Gerstensuppe mit der Brühe abschmecken und von der Kochstelle ziehen. • Das Eigelb mit der Sahne verquirlen und die Suppe damit legieren. Mit den Schnittlauchröllchen bestreut servieren.

Holsteiner Gerstensuppe

im Bild rechts

1 kleiner Kopf Blumenkohl
Salz · ¼ Teel. Kümmel
50 g Butter · 150 g Nacktgerste, grob geschrotet · 1 l heißes Wasser · ½ Bund Petersilie
2 Zwiebeln · etwa 3 Teel. vegetarische Brühe · 1 Eigelb
125 g Sahne · frisch gemahlener weißer Pfeffer · 2 Prisen frisch geriebene Muskatnuß

Pro Person etwa 1500 kJ/360 kcal
9 g Eiweiß · 23 g Fett · 29 g Kohlenhydrate · 9 g Ballaststoffe

Zubereitungszeit: 35 Minuten

Den Blumenkohl in Röschen teilen und einige Minuten in Salzwasser legen, um eventuell vorhandenes Ungeziefer zu entfernen. Dann kalt abspülen. • Den Blumenkohl in wenig Wasser mit dem Kümmel bei mittlerer Hitze zugedeckt garen, bis er bißfest ist. • Inzwischen die Butter in einem Topf erhitzen. Den Gerstenschrot einstreuen und unter ständigem Rühren kurz anrösten. Mit dem Wasser aufgießen, aufkochen lassen und zugedeckt bei schwächster Hitze in 5 Minuten ausquellen lassen. • Die Petersilie waschen, trockentupfen und die Blätter fein schneiden. Die Zwiebeln schälen und auf der Rohkostreibe fein reiben. • Den Blumenkohl mit dem Kochwasser zur Gerstensuppe geben und das Zwiebelmus unterrühren. • Die Suppe nach Bedarf mit Wasser verdünnen und noch einmal erhitzen. Dann von der Kochstelle ziehen und mit der Brühe abschmecken. • Das Eigelb mit der Sahne verquirlen und die Suppe damit legieren. Mit Pfeffer und dem Muskat würzen. • Die Suppe mit der Petersilie bestreuen.

Kräftige Getreideschrotsuppen

Lassen sich auch mit anderen Getreidesorten zubereiten

Hafersuppe mit Möhren

im Bild links

1–2 Zwiebeln · 2 Möhren
60 g Butter · 4 Eßl. Nackthafer, fein geschrotet · 1 l Wasser
2–3 Teel. vegetarische Brühe
1 Prise frisch geriebene Muskatnuß
1 Prise getrockneter Majoran
½ Bund Petersilie

Pro Person etwa 760 kJ/180 kcal
3 g Eiweiß · 14 g Fett · 12 g Kohlenhydrate · 3 g Ballaststoffe

Zubereitungszeit: 25 Minuten

Die Zwiebeln schälen und fein hacken. Die Möhren waschen, schälen und auf der Rohkostreibe grob reiben. • Die Butter erhitzen und die Zwiebeln darin goldgelb rösten. Den Haferschrot dazugeben, kurz anrösten, dann mit dem Wasser ablöschen. • Die Möhren hinzufügen und das Wasser zum Kochen bringen. Alles 3–4 Minuten zugedeckt bei schwacher Hitze köcheln lassen. Dann mit der Brühe, dem Muskat und dem Majoran abschmecken. • Die Petersilie waschen, trockentupfen, die groben Stiele entfernen und die Blätter fein schneiden. • Die Suppe in eine vorgewärmte Terrine füllen und mit der Petersilie bestreut anrichten.

Mein Tip: Die Suppe schmeckt auch mit Roggenschrot sehr gut. Schmecken Sie die Suppe dann mit 2 Eßlöffeln Obstessig, zerstoßenem Kümmel und Koriander ab. Die Petersilie sollten Sie dann weglassen.

Grünkerncremesuppe

im Bild rechts

1 l heißes Wasser · etwa 3 Teel. vegetarische Brühe · 100 g Grünkern, grob geschrotet
2–3 Zwiebeln · 1 Eßl. Butter
1 Eigelb · 4 Eßl. Sahne · eventuell ⅛ l trockener Weißwein

Pro Person etwa 890 kJ/210 kcal
5 g Eiweiß · 10 g Fett · 20 g Kohlenhydrate · 4 g Ballaststoffe

Zubereitungszeit: 30 Minuten

Das Wasser mit der Brühe pikant abschmecken. • Den Grünkernschrot mit etwas kalter Suppe anrühren, dann mit einem Schneebesen in der restlichen Brühe verquirlen. Die Flüssigkeit unter ständigem Rühren erhitzen und aufkochen lassen. • Die Zwiebeln schälen und in feine Ringe schneiden. Die Butter in einer Pfanne erhitzen und die Zwiebelringe darin goldgelb rösten; dann warm halten. • Das Eigelb mit der Sahne verquirlen, die Suppe von der Kochstelle nehmen und damit legieren. • Nach Belieben den Wein oder etwas Wasser unterrühren. Bei Bedarf noch einmal mit vegetarischer Brühe abschmecken. • Die Suppe in eine vorgewärmte Terrine füllen und mit den Zwiebelringen bestreut servieren.

Mein Tip: Sehr fein schmeckt diese Suppe auch mit Sonnenblumenkernen. Rösten Sie dazu statt der Zwiebeln 1 Eßlöffel Sonnenblumenkerne in einer trockenen Pfanne und streuen sie über die fertige Suppe.

Minestrone

Eine bekannte Spezialität aus Italien

Zutaten für 4–6 Personen:
1 Stange Lauch · 2 Kartoffeln
1 Möhre · 1 Kohlrabi
100 g frisch ausgepalte
oder tiefgefrorene Erbsen
100 g grüne Bohnen
½ Kopf Blumenkohl
Salz · 1 Zwiebel
1 gehäufter Eßl. Butter
gut 1 l heißes Wasser
3 Eßl. Naturrundkornreis (75 g)
etwa 3 Teel. vegetarische Brühe
frisch gemahlener weißer
Pfeffer · ¼ Teel. getrocknetes
Basilikum · ½ Bund Petersilie
3 Eßl. kaltgepreßtes Olivenöl
50 g frisch geriebener Parmesan

Bei 6 Portionen etwa 840 kJ/ 200 kcal · 8 g Eiweiß · 9 g Fett 20 g Kohlenhydrate · 6 g Ballaststoffe pro Person

Vorbereitungszeit: 30 Minuten
Garzeit: 30 Minuten

Vom Lauch das Wurzelende entfernen, den Lauch der Länge nach halbieren, waschen und in feine Streifen schneiden. Die Kartoffeln, die Möhre und den Kohlrabi schälen und würfeln. Die Erbsen und Bohnen gegebenenfalls putzen und waschen. Den Blumenkohl kurz in Salzwasser legen, kalt abspülen und in Röschen teilen. Die Zwiebel schälen und hacken. • Die Butter in einem großen Topf erhitzen. Die Zwiebel darin glasig dünsten. Alle Gemüse dazugeben und mit dem Wasser aufgießen. • Den Reis einstreuen und die Suppe etwa 30 Minuten bei schwacher Hitze köcheln lassen, bis der Reis gar ist. • Die Minestrone mit der Brühe, Pfeffer und dem Basilikum würzen. • Die Petersilie waschen, hacken und unterrühren. Die Suppe in einer Terrine mit dem Olivenöl beträufeln und mit dem Käse bestreuen.

Biersuppe nach Berliner Art

Sie können auch alkoholfreies Bier verwenden

2 altbackene Vollkornbrötchen
2 Eßl. Butter · 2 große Zwiebeln
1 Bund Schnittlauch
½ l heißes Wasser
etwa 1½ Teel. vegetarische
Brühe · ½ l dunkles Bier · Salz
frisch gemahlener weißer
Pfeffer · 1 Prise frisch geriebene
Muskatnuß

Pro Person etwa 790 kJ/190 kcal 3 g Eiweiß · 7 g Fett · 12 g Kohlenhydrate · 3 g Ballaststoffe

Zubereitungszeit: 35 Minuten

Die Brötchen in kleine Würfel schneiden und in der Hälfte der Butter in einer Pfanne bei mittlerer Hitze knusprig und braun braten, dann warm stellen. • Die Zwiebeln schälen, in dünne Ringe schneiden und in der restlichen Butter bei mittlerer Hitze goldbraun braten. Die Zwiebelringe ebenfalls warm halten. • Den Schnittlauch waschen, trockentupfen und in feine Röllchen schneiden. • Das Wasser mit der Brühe würzen. Das Bier unterrühren und die Flüssigkeit erhitzen. Mit Salz, Pfeffer und dem Muskat abschmecken. • Die Brotwürfel mit den Zwiebelringen und dem Schnittlauch in vorgewärmten Suppentellern oder -tassen anrichten. • Die heiße Flüssigkeit darübergießen und die Suppe sofort servieren.

Mein Tip: Die Suppe wird zur Hauptmahlzeit, wenn Sie anschließend einen würzigen Käse mit Rettich und Radieschen oder blauen Trauben servieren.

Petersiliencremesuppe

Reicht als Vorsuppe auch für 6–8 Personen

1 Bund Frühlingszwiebeln
125 g Zwiebeln · 175 g mehlig-kochende Kartoffeln
1 Eßl. Butter · 1 Knoblauchzehe
1¼ l Gemüsebrühe · 2 Bund Petersilie · nach Belieben ⅛ l trockener Weißwein · Salz
frisch gemahlener weißer Pfeffer · 150 g Crème fraîche

Pro Person etwa 1100 kJ/260 kcal
3 g Eiweiß · 18 g Fett · 13 g Kohlenhydrate · 3 g Ballaststoffe

Zubereitungszeit: 45 Minuten

Die Frühlingszwiebeln waschen, putzen und in Ringe schneiden. Die Zwiebeln schälen und hacken. Die Kartoffeln waschen, schälen und in Würfel schneiden. • Die Butter in einem großen Topf erhitzen und beide Zwiebelsorten darin glasig dünsten. Die Knoblauchzehe schälen, durch die Presse drücken und unterrühren. • Die Kartoffeln mit der Gemüsebrühe zu den Zwiebeln geben, zum Kochen bringen und zugedeckt bei schwacher Hitze etwa 20 Minuten köcheln lassen. • Die Petersilie waschen, trockentupfen und die groben Stiele entfernen. Für jede Portion 1 Zweig beiseite legen. Die restliche Petersilie hacken, zur Suppe geben und alles im Mixer oder mit dem Pürierstab pürieren. • Die Suppe nach Belieben mit dem Wein verfeinern, mit Salz und Pfeffer pikant abschmecken und nochmals erhitzen. • Die Suppe in vorgewärmte Suppentassen oder -teller füllen und mit je 1 Klecks Crème fraîche und den Petersilienzweigen garniert servieren.

Mein Tip: Auf dieselbe Art können Sie eine Suppe mit frischem Kerbel zubereiten.

Rote-Bete-Suppe mit Meerrettich

Geriebener Apfel mildert die Schärfe

Zutaten für 4–6 Personen:
1 kg rote Bete · Salz
1 Eßl. Kümmel · 2 Scheiben altbackenes Vollkornbrot
1 Eßl. Butter · ½ säuerlicher Apfel · etwa 1 Eßl. frisch geriebener Meerrettich
1–2 Eßl. Obstessig
1 Eßl. Ahornsirup · 250 g Sahne

Bei 6 Portionen etwa 1065 kJ/250 kcal · 5 g Eiweiß · 16 g Fett
25 g Kohlenhydrate · 5 g Ballaststoffe pro Person

Zubereitungszeit: 1¼ Stunden

Die roten Beten gründlich unter fließendem Wasser abbürsten. • Einen Kartoffeldämpfer etwa 2 fingerhoch mit Wasser füllen. Etwa 1 Teelöffel Salz und den Kümmel untermischen. Die roten Beten im Dämpfer bei mittlerer Hitze je nach Größe 45–60 Minuten garen. • Inzwischen das Brot in kleine Würfel schneiden und in der Butter bei mittlerer Hitze von allen Seiten knusprig braten; dann warm stellen. • Die roten Beten schälen und grob zerkleinern. Den Apfel schälen, vom Kerngehäuse befreien und würfeln. • Das Gemüsekochwasser mit Wasser auf 1¼ l auffüllen. Die roten Beten und den Apfel mit der Flüssigkeit im Mixer oder mit dem Pürierstab pürieren. Den Meerrettich unterrühren. • Die Suppe noch einmal aufkochen, dann mit dem Essig, dem Ahornsirup und eventuell mit Salz abschmecken. • Die Sahne halbsteif schlagen und unterziehen. • Die Suppe in vorgewärmte Suppentassen oder -teller füllen und sofort servieren. Die Brotwürfel getrennt dazu reichen.

Feine Nockerlsuppen

Die Getreideklößchen schmecken auch als Beilage zu Gemüse

Grünkernnockerlsuppe

im Bild links

Zutaten für 6 Personen:
50 g Butter · 2 Eier
2 Eßl. Sahne · 100 g Grünkern, fein gemahlen · 1 gehäufter Eßl. frisch geriebener Parmesan
2 Prisen Salz · 1 l heißes Wasser
etwa 3 Teel. vegetarische Brühe
1 Bund Schnittlauch

Pro Person etwa 1100 kJ/260 kcal
8 g Eiweiß · 17 g Fett · 20 g Kohlenhydrate · 1 g Ballaststoffe

Vorbereitungszeit: 25 Minuten
Ruhezeit: 30 Minuten
Garzeit: 20 Minuten

Die Butter bei schwacher Hitze schmelzen lassen. • Die Eier und die Sahne mit der Butter verrühren. Das Grünkernmehl, den Käse und das Salz untermengen. • Den festen Teig zugedeckt bei Zimmertemperatur 30 Minuten ruhen lassen. • Das Wasser in einem weiten Topf zum Kochen bringen und mit der Brühe pikant abschmecken. • Von dem Teig mit einem in kaltes Wasser getauchten Teelöffel Nockerl abstechen, in der angefeuchteten Handfläche formen und in der Suppe bei schwacher Hitze zugedeckt in 20 Minuten gar ziehen lassen. • Den Schnittlauch waschen, trockentupfen und in feine Röllchen schneiden. • Die Suppe mit den Nokkerln in eine vorgewärmte Suppenterrine füllen und mit dem Schnittlauch bestreut servieren.

Grießnockerlsuppe mit Schnittlauch

im Bild rechts

¼ l Milch · Salz · 1 Prise frisch geriebene Muskatnuß · 40 g Butter · 100 g Vollweizengrieß
2 Eier · 1 Bund Schnittlauch
1 l Wasser · etwa 3 Teel. vegetarische Brühe

Pro Person etwa 1000 kJ/240 kcal
8 g Eiweiß · 14 g Fett · 20 g Kohlenhydrate · 2 g Ballaststoffe

Zubereitungszeit: 40 Minuten

Einen Topf mit kaltem Wasser ausspülen. Die Milch darin mit 2 Prisen Salz und dem Muskat zum Kochen bringen. • Die Butter untermischen und in der Milch schmelzen lassen. Den Grieß unter ständigem Rühren einrieseln lassen und einmal aufkochen. Dann den Topf von der Kochstelle ziehen, und den Brei in 5 Minuten ausquellen lassen. • Inzwischen reichlich Wasser zum Kochen bringen und schwach salzen. • Die Eier verquirlen und unter den etwas abgekühlten Brei mischen. Mit einem in kaltes Wasser getauchten Eßlöffel von der Grießmasse Nockerl abstechen, in das Salzwasser geben und bei schwacher Hitze darin in etwa 20 Minuten gar ziehen lassen. • Inzwischen den Schnittlauch waschen, trockentupfen und in Röllchen schneiden. • Kurz vor Ende der Garzeit das Wasser zum Kochen bringen. Mit der Brühe abschmekken. • Die gegarten Nockerl mit einem Schaumlöffel aus dem Wasser heben und in die Suppe geben. Mit den Schnittlauchröllchen bestreut servieren.

Suppen mit pikanten Klößchen

Die Suppen gelingen auch Ungeübten leicht

Dinkelklößchensuppe mit Schnittlauch

im Bild rechts

Zutaten für 4–6 Personen:
- ⅛ l Milch · 30 g Butter
- 2 Prisen Salz · 75 g Dinkel, fein gemahlen · 1 Ei
- 1 l heißes Wasser
- etwa 3 Teel. vegetarische Brühe
- 1 Bund Schnittlauch

Bei 6 Portionen etwa 450 kJ/ 105 kcal · 3 g Eiweiß · 6 g Fett 9 g Kohlenhydrate · 1 g Ballaststoffe pro Person

Zubereitungszeit: 30 Minuten

Für den Brandteig die Milch mit der Butter und dem Salz in einen Topf geben und zum Kochen bringen. • Das Dinkelmehl auf einmal dazuschütten, und den Teig mit einem Kochlöffel so lange rühren, bis er sich wie ein Kloß um den Kochlöffel wickelt und sich am Boden des Topfes eine weiße Schicht bildet. • Dann den Topf von der Kochstelle ziehen, und das Ei unter den Teig rühren. • Das Wasser mit der Brühe pikant abschmecken und zum Kochen bringen. • Aus dem Teig mit einem in kaltes Wasser getauchten Löffel etwa 16 Klößchen formen und in die Brühe legen. In 10 Minuten bei schwacher Hitze darin gar ziehen lassen. • Inzwischen den Schnittlauch waschen, trockentupfen und in feine Röllchen schneiden. Getrennt zur Suppe servieren.

Tiroler Käseknödelsuppe mit Gemüse

im Bild links

- etwa ⅛ l Milch · 1 dicke Scheibe Vollkornbrot (80 g)
- Salz · 1 Zwiebel · 1 Eßl. Butter
- 1 Ei · 50 g frisch geriebener Parmesan · 2 Prisen frisch geriebene Muskatnuß
- 2 Eßl. Weizen, fein gemahlen (oder Weizenmehl Type 1700)
- 1–2 Möhren · 125 g Knollensellerie · 1 Stange Lauch
- 1 Prise getrockneter Majoran
- 1 Bund Schnittlauch

Pro Person etwa 880 kJ/210 kcal 11 g Eiweiß · 10 g Fett · 19 g Kohlenhydrate · 5 g Ballaststoffe

Zubereitungszeit: 1 Stunde

Die Milch erhitzen. • Das Brot in Würfel schneiden und in einer Schüssel mit so viel Milch übergießen, daß es quellen kann. Die Menge der Milch hängt davon ab, ob das Brot frisch oder altbacken ist.
• Reichlich Wasser mit 1 Teelöffel Salz zum Kochen bringen.
• Die Zwiebel schälen und würfeln. Die Butter erhitzen und die Zwiebel darin glasig dünsten, dann in eine Schüssel geben. Das Brot, das Ei sowie den Käse hinzufügen. Alles zu einem Knödelteig verkneten und mit Salz und 1 Prise Muskat pikant abschmecken. • Aus dem Teig 4 Knödel formen, in dem Mehl wälzen, in das kochende Wasser einlegen und bei schwacher Hitze in 20 Minuten darin gar ziehen lassen. • Inzwischen die Möhren und den Sellerie schälen und würfeln. Vom Lauch das Wurzelende entfernen, den Lauch längs halbieren, waschen und in Streifen schneiden. • Das Gemüse in ¼ l Wasser bei schwacher Hitze in etwa 15 Minuten bißfest garen. • Das Gemüse mit ¾ l Wasser aufgießen, mit Salz, 1 Prise Muskat und dem Majoran abschmecken. • Den Schnittlauch waschen, trockentupfen und in Röllchen schneiden. • Die Knödel aus dem Wasser heben, in die Gemüsesuppe geben und mit dem Schnittlauch bestreuen.

Bunter Salat mit Sprossen

Reich an Vitalstoffen

1 Bund Schnittlauch
2 Prisen Salz · frisch gemahlener weißer Pfeffer · 4 Eßl. Obstessig
1 Teel. Ahornsirup
10 Eßl. Walnußöl, ersatzweise kaltgepreßtes Sonnenblumenöl
etwa 90 g beliebige Sprossen
1 grüne Paprikaschote
1 rote Paprikaschote
1 Chicoréestaude
1 Friséesalat
2 Eßl. Walnußkerne

Pro Person etwa 1700 kJ/400 kcal
8 g Eiweiß · 38 g Fett · 10 g Kohlenhydrate · 6 g Ballaststoffe

Zubereitungszeit: 30 Minuten

Den Schnittlauch waschen, trockentupfen und in feine Röllchen schneiden. • Das Salz und Pfeffer mit dem Essig und dem Ahornsirup verrühren. Zuletzt das Öl und den Schnittlauch untermischen. • Die Sprossen mit kaltem Wasser überbrausen und abtropfen lassen. Die Paprikaschoten halbieren, vom Stielende, der weißen Haut und den Kernen befreien und waschen. Das Fruchtfleisch zuerst in Streifen, dann in Würfel schneiden. Vom Chicorée den Strunk keilförmig herausschneiden. Die Blätter ablösen, waschen und abtropfen lassen. Vom Friséesalat die äußeren Blätter entfernen. Die übrigen Blätter vom Strunk lösen, putzen, waschen und abtropfen lassen, dann in etwa 1 cm breite Streifen schneiden. Die Walnüsse grob hacken. • Den Friséesalat in die Mitte einer großen Glasschüssel häufen. Den Rand mit den Chicoréeblättern auskleiden. Die Schotenwürfel über den Schnittsalat streuen. Zuletzt die Walnußkerne und die Sprossen über den Salatzutaten verteilen. • Das Dressing noch einmal durchrühren und über den Salat träufeln.

Chinakohlsalat mit Walnüssen

Schmeckt auch mit Chicorée oder Radicchio

½ Teel. Salz · 3 Eßl. Obstessig
1 Eßl. Ahornsirup
1 Ingwerpflaume, in Sirup eingelegt · 3 Eßl. Walnußöl, ersatzweise kaltgepreßtes Sonnenblumenöl
50 g Walnußkerne
400 g Chinakohl
3 Scheiben frische Ananas
1 Orange · 1 säuerlicher Apfel

Pro Person etwa 960 kJ/230 kcal
4 g Eiweiß · 16 g Fett · 18 g Kohlenhydrate · 3 g Ballaststoffe

Zubereitungszeit: 30 Minuten
Ruhezeit: 10 Minuten

Das Salz mit dem Essig verrühren, dann den Ahornsirup untermischen. Die Ingwerpflaume sehr klein schneiden und mit dem Öl unter die Sauce mischen. • Die Nüsse grob hacken. Vom Chinakohl die äußeren Blätter entfernen. Den Kohl halbieren, den Strunk keilförmig herausschneiden und den Kohl waschen. Den Chinakohl abtrocknen und in feine Streifen schneiden. • Die Ananasscheiben schälen, vom Strunk befreien und in mundgerechte Stücke schneiden. Die Orange mit einem scharfen Messer so schälen, daß auch die weiße Haut mit der Schale entfernt wird. Die Orangenfilets aus den Häuten lösen. Dabei den austretenden Saft auffangen und unter das Dressing mischen. • Den Apfel vierteln, vom Kerngehäuse befreien, schälen und in Scheibchen schneiden. • Alle vorbereiteten Zutaten mit dem Dressing mischen und den Salat vor dem Servieren etwa 10 Minuten durchziehen lassen.

Chicoréesalat mit Orangen

Sie können zwischen zwei Salatsaucen wählen

etwa 350 g Chicorée
Saft von ½ Zitrone · 2 Orangen
1 rote Zwiebel
75 g Walnußkerne
Für die Vinaigrette:
etwa 2 Prisen Salz · 2 Prisen frisch gemahlener weißer Pfeffer · 2 Eßl. Obstessig
3 Eßl. Walnußöl
Für die Roquefortsahne:
50 g Roquefort · nach Belieben
2 Eßl. weißer Portwein
150 g Sahne · frisch gemahlener weißer Pfeffer

Mit Vinaigrette etwa 900 kJ/215 kcal · 4 g Eiweiß · 20 g Fett
7 g Kohlenhydrate · 3 g Ballaststoffe pro Person

Zubereitungszeit: 35 Minuten

Den Chicorée putzen und halbieren. Den bitteren Strunk keilförmig herausschneiden. Den Chicorée waschen, gut abtrocknen und in 1 cm breite Streifen schneiden, dann sofort mit dem Zitronensaft beträufeln. • Die Orangen mit einem scharfen Messer so schälen, daß auch die weiße Haut entfernt wird. Die Orangenfilets aus den Häuten lösen und halbieren. Dabei den austretenden Saft auffangen. Die Zwiebel schälen und in feine Ringe schneiden. Die Nüsse grob hakken. • Alle diese vorbereiteten Zutaten auf Tellern anrichten. • Für die Vinaigrette das Salz und den Pfeffer mit dem Essig und dem aufgefangenen Orangensaft verrühren. Zuletzt das Öl untermischen. Die Vinaigrette über die Salatzutaten träufeln. • Oder den Roquefort mit einer Gabel zerdrücken, dann nach Belieben mit dem Portwein und mit dem Orangensaft verrühren. Die Sahne und Pfeffer dazugeben und leicht aufschlagen. Die Roquefortsahne auf den Salatzutaten verteilen.

Wintersalate mit pikanten Dressings

Lassen sich auch mit anderen Blattsalaten zubereiten

Spinatsalat mit Sprossen

im Bild links

2 Eier · 1 Eßl. Sonnenblumenkerne · 200 g Spinat
etwa 45 g Sprossen, zum Beispiel Alfalfa · 2 Schalotten
125 g Champignons
2 Prisen Salz · 1 Teel. Ahornsirup
3 Eßl. Obstessig · 6 Eßl. kaltgepreßtes Sonnenblumenöl

Pro Person etwa 1000 kJ/240 kcal
10 g Eiweiß · 21 g Fett · 7 g Kohlenhydrate · 4 g Ballaststoffe

Zubereitungszeit: 30 Minuten

Die Eier in sprudelnd kochendem Wasser in 10 Minuten hart kochen, kalt abschrecken und schälen. • Die Sonnenblumenkerne in einer trockenen Pfanne bei mittlerer Hitze goldgelb rösten, dann abkühlen lassen. • Den Spinat gründlich waschen, abtropfen lassen, verlesen und die groben Stiele entfernen. Die Sprossen kalt abbrausen, abtropfen lassen und mit dem Spinat mischen. • Den Spinat auf einer Platte anrichten. Die Schalotten schälen, fein würfeln und darüberstreuen. Die Pilze waschen, vom Stielende befreien, in Scheibchen schneiden und ebenfalls auf dem Spinat anrichten. • Von den hartgekochten Eiern die Eiweiße abtrennen, in feine Streifen schneiden und über den Spinat streuen. • Das Salz und den Sirup mit dem Essig verrühren, das Öl dazugeben und die Marinade über den Salat träufeln. • Die Eigelbe durch ein Sieb drücken und dekorativ auf dem Salat verteilen. Die gerösteten Sonnenblumenkerne darüberstreuen und den Salat sofort servieren.

Feldsalat mit Oliven

im Bild rechts

2 Eier · 2 Prisen Salz
2 Eßl. Obstessig
4 Eßl. trockener Weißwein, ersatzweise naturtrüber Apfelsaft
1 Teel. Ahornsirup (nur bei Verwendung von Wein)
1 Prise frisch gemahlener weißer Pfeffer · 5 Eßl. kaltgepreßtes Sonnenblumenöl
15 paprikagefüllte Oliven
200 g Feldsalat

Pro Person etwa 780 kJ/190 kcal
4 g Eiweiß · 17 g Fett · 2 g Kohlenhydrate · 1 g Ballaststoffe

Zubereitungszeit: 30 Minuten

Die Eier in sprudelnd kochendem Wasser in 10 Minuten hart kochen, kalt abschrecken und schälen. • Das Salz in dem Essig auflösen, dann den Wein oder den Apfelsaft, eventuell den Ahornsirup und den Pfeffer dazugeben. Zuletzt das Öl unterrühren. • Die Oliven in Würfel schneiden. Die Eier klein hacken. Die Oliven und die Eier mit dem Dressing mischen. • Den Feldsalat gründlich waschen und trockenschleudern. Den Salat verlesen und von den Wurzeln befreien, dann auf einer Platte anrichten. • Die Eier-Oliven-Sauce über dem Salat verteilen und diesen sofort servieren.

Mein Tip: Dieses Rezept eignet sich auch zur Zubereitung von Spinatsalat.

Fenchelsalat mit Obst und Nüssen

Leichte Zwischenmahlzeit oder feine Vorspeise

1 Zitrone · 1 Prise Salz
1 Eßl. Ahornsirup
40 g Walnußkerne
2 säuerliche Äpfel
1 Fenchelknolle · 1 Orange

Pro Person etwa 645 kJ/150 kcal
4 g Eiweiß · 7 g Fett · 20 g Kohlenhydrate · 5 g Ballaststoffe

Zubereitungszeit einschließlich Ruhezeit: 45 Minuten

Die Zitrone auspressen. Das Salz mit 3 Eßlöffeln Zitronensaft verrühren, dann den Sirup untermischen. Die Walnüsse grob hacken. Die Äpfel vierteln, schälen, vom Kerngehäuse befreien und in feine Scheiben schneiden. • Die Äpfel sofort mit der Marinade verrühren, damit sich das Fruchtfleisch nicht verfärbt. • Die Fenchelknolle waschen und eventuell vorhandene braune Stellen wegschneiden. Das Fenchelgrün beiseite legen. Die Knolle zuerst der Länge nach in feine Scheiben, dann in Streifen schneiden. • Den Fenchel und die Nüsse mit der Marinade vermengen. • Den Salat mit Salz abschmecken und 15 Minuten zugedeckt durchziehen lassen. • Die Orange mit einem scharfen Messer so schälen, daß mit der Schale auch die weiße Haut entfernt wird. Nun die Filets aus den Häuten lösen. Dabei den austretenden Saft auffangen und mit den Orangenfilets unter den Salat mischen. • Das Fenchelgrün waschen, trockentupfen, klein schneiden und über den Salat streuen.

Mein Tip: Dieser Salat ist ein passender Auftakt eines kleinen Menüs.

Rettichsalat mit Joghurtdressing

Ersetzt an heißen Tagen eine Mittagsmahlzeit

2 Münchner Bierrettiche (400 g)
1 Becher Sanoghurt (175 g)
150 g Crème fraîche
1 Knoblauchzehe
½ Teel. Ahornsirup
1 Prise frisch gemahlener weißer Pfeffer
2 Eßl. Zitronensaft
1 Bund Schnittlauch · Salz

Pro Person etwa 770 kJ/180 kcal
4 g Eiweiß · 17 g Fett · 5 g Kohlenhydrate · 2 g Ballaststoffe

Zubereitungszeit: 30 Minuten

Die Rettiche gründlich waschen und putzen oder schälen. • Den Sanoghurt mit der Crème fraîche verrühren. Die Knoblauchzehe schälen, durch die Presse drücken und unter die Creme rühren. Mit dem Ahornsirup, dem Pfeffer und dem Zitronensaft abschmecken. • Die Rettiche auf der Rohkostreibe in das Dressing raspeln und gut unterrühren. • Den Salat etwa 10 Minuten zugedeckt in den Kühlschrank stellen. • In der Zwischenzeit den Schnittlauch waschen, trockentupfen und in feine Röllchen schneiden. • Den Salat nochmals durchmischen und mit Salz abschmecken. Mit den Schnittlauchröllchen bestreut anrichten.

Mein Tip: Statt der Bierrettiche können Sie auch 3 Bund Radieschen für den Salat verwenden. Rettiche aus kontrolliertem Anbau müssen Sie nicht schälen, sondern nur gründlich waschen und von allen braunen Stellen befreien.
Mairettich gibt es von April bis Juni, Herbstrettich von Juli bis September und den schwarzen Winterrettich von Oktober bis Februar.

Wintersalate mit Früchten und Nüssen

Winterliche Rohkost

im Bild links

250 g Rosenkohl
250 g Broccoli
250 g Blumenkohl · Salz
75 g Haselnußkerne
½ unbehandelte Zitrone
1 unbehandelte Orange
1 Ei · 1 Eßl. Dijonsenf
frisch gemahlener weißer
Pfeffer · ⅛ l kaltgepreßtes
Sonnenblumenöl

Pro Person etwa 2000 kJ/480 kcal
11 g Eiweiß · 45 g Fett · 8 g
Kohlenhydrate · 8 g Ballaststoffe

Zubereitungszeit: 45 Minuten

Den Rosenkohl waschen, abtropfen lassen und putzen. Den Broccoli in Röschen und Stiele teilen. Die dicken Stiele für ein anderes Gericht verwenden, die feinen klein würfeln. Den Blumenkohl in Röschen teilen, in Salzwasser legen, dann kalt abspülen. Den Strunk anderweitig verwenden. Die Nüsse grob hacken. • Die Zitrusfrüchte heiß waschen, abtrocknen und die Schalen abreiben. Die Zitrone dann auspressen. • Das Ei trennen. Das Eigelb mit dem Zitronensaft, der abgeriebenen Schale, dem Senf und dem Pfeffer mit den Quirlen des Handrührgerätes cremig rühren. Unter ständigem Weiterrühren das Öl tropfenweise zugießen, bis eine Mayonnaise entsteht. • Den Rosenkohl klein schneiden und sofort mit der Mayonnaise mischen. Die Broccoliröschen und den Blumenkohl ebenfalls fein schneiden und mit den Broccolistielen unterrühren. Zuletzt die Nüsse hinzufügen. • Den Salat eventuell mit Salz und Pfeffer nachwürzen und sofort servieren.

Selleriesalat mit Trauben

im Bild rechts

1 mittelgroße Sellerieknolle
150 g grüne Trauben
150 g Meraner Kurtrauben
12 Walnüsse · Salz · 4 Eßl.
Obstessig · 1 Eßl. Ahornsirup
8 Eßl. Walnußöl, ersatzweise
kaltgepreßtes Sonnenblumenöl
3–4 säuerliche Äpfel
2 Prisen frisch gemahlener
schwarzer Pfeffer

Pro Person etwa 1800 kJ/430 kcal
6 g Eiweiß · 29 g Fett · 38 g
Kohlenhydrate · 12 g Ballaststoffe

Garzeit des Selleries: 1 Stunde
Zubereitungszeit: 30 Minuten
Ruhezeit: 15 Minuten

Den Sellerie waschen. Einen Kartoffeldämpfer etwa 2 fingerhoch mit Wasser füllen. Den Sellerie über Dampf bei mittlerer Hitze in etwa 1 Stunde bißfest garen. • Die Knolle noch heiß schälen, dann abkühlen lassen. • Die grünen Trauben waschen, halbieren und die Kerne entfernen. Die Kurtrauben waschen. Die Nüsse schälen und grob hacken. Den Sellerie zuerst in Scheiben, dann in Würfel schneiden. • Das Salz mit dem Essig verrühren, dann den Sirup und zuletzt das Öl untermischen. • Die Äpfel schälen, vierteln, vom Kerngehäuse befreien und in Scheibchen schneiden. Sofort mit der Marinade vermengen. Die übrigen Zutaten vorsichtig mit den Äpfeln mischen. • Den Salat 15 Minuten zugedeckt ziehen lassen, dabei einige Male durchmischen. • Den Salat nochmals abschmecken, mit dem Pfeffer bestreuen und servieren.

Mein Tip: Meraner Kurtrauben sind eine Sorte mit kleinen, festen, blauen Beeren.

Kohlsalate mit Obst

Vitaminreiche Rohkost für die Wintermonate

Rotkohlsalat mit Meerrettich

im Bild links

- 3 Prisen Salz · 3 Eßl. Obstessig
- etwa 60 ccm trockener Rotwein, ersatzweise naturtrüber Apfelsaft
- 1 Eßl. Ahornsirup (nur bei Verwendung von Wein)
- 1 Prise gemahlener Kümmel
- 1 Stück frischer Meerrettich, etwa 5 cm lang
- 6 Eßl. kaltgepreßtes Sonnenblumenöl
- 2 reife aromatische Birnen
- 500 g Rotkohl

Pro Person etwa 890 kJ/210 kcal
2 g Eiweiß · 15 g Fett · 14 g Kohlenhydrate · 5 g Ballaststoffe

Zubereitungszeit: 40 Minuten
Ruhezeit: 30 Minuten

Das Salz mit dem Essig verrühren. Dann den Wein oder den Saft, den Sirup und den Kümmel dazugeben. Den Meerrettich schälen, reiben und 1 Eßlöffel davon zur Sauce geben. Zuletzt das Öl unterrühren. • Die Birnen vierteln, schälen, vom Kerngehäuse befreien und in dünne Scheiben schneiden. Sofort mit der Marinade verrühren, damit sich das Fruchtfleisch nicht verfärbt. • Den Kohl von den äußeren Blättern befreien. Den Strunk herausschneiden und den Kohl in sehr feine Streifen schneiden. Dies ist für den Geschmack der Rohkost wichtig. • Den Rotkohl mit der Salatsauce vermengen. • Den Salat etwa 30 Minuten durchziehen lassen, dabei öfter durchmischen. • Den Salat eventuell mit Salz, Ahornsirup und Kümmel nachwürzen.

Weißkohlrohkost mit Rosinen

im Bild rechts

- 8 Walnüsse · 2 Eßl. ungeschwefelte Rosinen · 5 Orangen
- 1 Eßl. flüssiger Honig
- 1 säuerlicher Apfel
- 500 g Weißkohl · 2 Bananen

Pro Person etwa 850 kJ/200 kcal
4 g Eiweiß · 5 g Fett · 36 g Kohlenhydrate · 8 g Ballaststoffe

Zubereitungszeit: 40 Minuten
Ruhezeit: 15 Minuten

Die Nüsse schälen und grob zerkleinern. • Die Rosinen mit heißem Wasser übergießen und quellen lassen, bis sie sich vollgesogen haben. Dann abgießen und abtropfen lassen. • 4 Orangen auspressen. Den Orangensaft mit dem Honig verrühren. • Den Apfel schälen, um das Kerngehäuse herum in die Marinade raffeln und sofort damit verrühren, damit er sich nicht verfärbt. • Den Kohl von den äußeren Blättern und dem Strunk befreien und sehr fein schneiden. Mit der Marinade vermischen. Die Rosinen unter den Salat heben und einige Male vorsichtig mischen. Die Bananen schälen, in Scheiben schneiden und ebenfalls unterheben. • Den Salat etwa 15 Minuten zugedeckt ziehen lassen. • Die restliche Orange mit einem scharfen Messer so schälen, daß mit der Schale auch die weiße Haut entfernt wird. Das Fruchtfleisch in Scheiben schneiden. • Den Salat noch einmal durchmischen, mit den Orangenscheiben belegen und mit den Nüssen bestreut servieren.

Rote-Bete-Rohkost mit Äpfeln

Schmeckt auch mit Rettich, Möhren oder Spinat

1 Becher Sanoghurt (175 g)
100 g Crème fraîche
1 Knoblauchzehe · 1 Zwiebel
½ Bund Schnittlauch
½ Bund Petersilie · Salz
2 Prisen frisch gemahlener schwarzer Pfeffer
1 Teel. Ahornsirup
100 g Feldsalat · 300 g rote Bete
300 g Knollensellerie
300 g säuerliche Äpfel

Pro Person etwa 940 kJ/220 kcal
6 g Eiweiß · 12 g Fett · 23 g Kohlenhydrate · 8 g Ballaststoffe

Zubereitungszeit: 45 Minuten

Für das Dressing den Sanoghurt mit der Crème fraîche verrühren. Die Knoblauchzehe schälen und durch die Presse in die Creme drücken. Die Zwiebel schälen, auf der Rohkostreibe fein reiben und ebenfalls untermischen. • Die Kräuter waschen und trockentupfen. Den Schnittlauch in Röllchen schneiden. Die Petersilie von den groben Stielen befreien und fein schneiden. Beide Kräuter unter das Dressing rühren und alles mit Salz, dem Pfeffer und dem Ahornsirup abschmecken.
• Den Feldsalat waschen, gut abtropfen lassen oder trockenschleudern. Den Salat verlesen und die Wurzeln entfernen. Die roten Beten waschen, dünn schälen und auf der Rohkostreibe grob raspeln. Den Sellerie ebenfalls schälen und auf der Rohkostreibe raspeln. Die Äpfel vierteln, vom Kerngehäuse befreien, schälen und grob reiben.
• Die roten Beten, den Sellerie und die Äpfel mischen und in der Mitte einer Platte anrichten. Den Feldsalat darum herum verteilen und das Dressing getrennt dazu reichen.

Mein Tip: Gemüsereiben mit Fingerschutz und verschiedenen Reibeinsätzen erhalten Sie in Haushaltsgeschäften und Warenhäusern.

Sauerkrautsalat mit Trauben

Schmeckt am besten mit Sauerkraut aus dem Faß

- 300 g blaue Trauben oder
- ½–1 reife Ananas
- 30 g Walnußkerne
- 700 g rohes Sauerkraut
- 1 Eßl. Ahornsirup
- 4 Eßl. Walnußöl, ersatzweise kaltgepreßtes Sonnenblumenöl
- frisch gemahlener schwarzer Pfeffer

Pro Person etwa 1500 kJ/360 kcal
5 g Eiweiß · 16 g Fett · 47 g Kohlenhydrate · 8 g Ballaststoffe

Zubereitungszeit: 30 Minuten

Die Trauben gründlich waschen, abtrocknen und halbieren. Die Kerne entfernen. Oder die Ananas vorbereiten: Die Blätterrosette und das Stielende abschneiden. Die Frucht der Länge nach zuerst halbieren, dann vierteln und zuletzt achteln. Den harten Strunk in der Mitte herausschneiden. Die Achtel schälen und in mundgerechte Stücke schneiden. • Die Nüsse grob zerkleinern. Das Sauerkraut klein schneiden. • Das Kraut mit dem Ahornsirup und dem Öl in einer Schüssel vermengen. Die Trauben oder die Ananasstücke und die Nüsse untermischen. Den Pfeffer über den Salat streuen und diesen sofort servieren.

Mein Tip: Ob Ananas wirklich reif sind, erkennen Sie daran, daß sie aromatisch und intensiv duften. Außerdem lassen sich von reifen Früchten die inneren Rosettenblätter leicht herauszupfen.

Wirsingsalat mit Champignons

Schmeckt auch mit frischem Kerbel

- 2 Scheiben Vollkornbrot
- 1 Eßl. Butter
- ½ Kopf Wirsing (etwa 700 g)
- 200 g Champignons · etwa ¼ Teel. Salz · 1 Teel. Ahornsirup
- 3 Eßl. Obstessig · 1 Prise frisch gemahlener weißer Pfeffer
- etwa ¼ Teel. Kümmel
- etwa ¼ Teel. getrockneter Kerbel · 6 Eßl. kaltgepreßtes Sonnenblumenöl
- 1–2 Möhren

Pro Person etwa 1200 kJ/290 kcal
9 g Eiweiß · 19 g Fett · 18 g Kohlenhydrate · 7 g Ballaststoffe

Zubereitungszeit: etwa 1 Stunde

Das Brot in kleine Würfel schneiden. • Die Butter erhitzen und die Brotwürfel darin bei mittlerer Hitze knusprig braten, dann abkühlen lassen. • Vom Wirsing die äußeren Blätter entfernen. Den Kohl vierteln und vom Strunk befreien. • Die Viertel in wenig Wasser zugedeckt bei schwacher Hitze etwa 10 Minuten garen. • Die Pilze waschen und vom Stielende befreien, dann in feine Scheiben schneiden. • Das Salz und den Ahornsirup mit dem Essig verrühren. Den Pfeffer, den Kümmel und den Kerbel untermischen, das Öl unterschlagen. • Die Möhren waschen und schälen. Zuerst längs in Scheiben, dann in feine Julienne (hauchdünne Streifen) schneiden. • Den Wirsing kurz abtropfen lassen, dann noch heiß in Streifen schneiden und auf 4 vorgewärmten Tellern anrichten. Jede Portion mit einigen Möhrenstreifen garnieren. Die Pilze auf den Tellern anrichten. Das Dressing noch einmal durchrühren und auf das Gemüse träufeln. Den Salat mit den Brotwürfeln bestreuen und sofort servieren.

Salate aus Hülsenfrüchten

Eiweiß- und ballaststoffreiche Mahlzeiten

Bunter Bohnensalat

im Bild links

150 g getrocknete Kidneybohnen · 150 g getrocknete weiße Bohnen · 150 g Zuckermais (Dose) · 2 rote Zwiebeln
1 Knoblauchzehe · 1 grüne Paprikaschote · 2 Prisen Salz
3 Eßl. Obstessig · frisch gemahlener weißer Pfeffer
6 Eßl. kaltgepreßtes Olivenöl

Pro Person etwa 1800 kJ/430 kcal
18 g Eiweiß · 17 g Fett · 51 g Kohlenhydrate · 20 g Ballaststoffe

Quellzeit: über Nacht
Garzeit der Bohnen: 1 Stunde
Zubereitungszeit: 20 Minuten
Ruhezeit: 15 Minuten

Die Kidney- und die weißen Bohnen getrennt über Nacht von Wasser bedeckt einweichen. • Die Bohnen am nächsten Tag mit dem Einweichwasser ebenfalls getrennt zum Kochen bringen und bei schwacher Hitze weich garen. Die Kidneybohnen brauchen etwa 50, die weißen 60 Minuten. • Die Hülsenfrüchte dann abgießen, abtropfen und abkühlen lassen. Den Mais ebenfalls abtropfen lassen. Die Zwiebeln und die Knoblauchzehe schälen und fein hacken. Die Paprikaschote waschen und halbieren. Das Stielende, die weiße Haut und die Kerne entfernen. Das Fruchtfleisch in Würfel schneiden. • Das Salz mit dem Essig verrühren. Pfeffer nach Geschmack und zuletzt das Öl untermischen. • Die Hülsenfrüchte in einer Schüssel mit dem Mais, den Zwiebeln, dem Knoblauch und den Paprikawürfeln mischen. • Die Salatsauce untermischen und den Salat etwa 15 Minuten im Kühlschrank ziehen lassen. Dann nochmals abschmecken.

Linsensalat mit Gemüse

im Bild rechts

200 g Linsen · 1 Bund Frühlingszwiebeln · 2 Möhren
1 Kohlrabi · knapp ¼ Teel. Salz
2 Prisen frisch gemahlener schwarzer Pfeffer · 4 Eßl. Obstessig · 1 Teel. Ahornsirup
8 Eßl. kaltgepreßtes Sonnenblumenöl

Pro Person etwa 1500 kJ/360 kcal
13 g Eiweiß · 21 g Fett · 32 g Kohlenhydrate · 8 g Ballaststoffe

Zubereitungszeit: 40 Minuten

Die Linsen waschen. Dann in 600 ccm kaltes Wasser schütten. Die an der Oberfläche schwimmenden Linsen entfernen. Die Linsen zum Kochen bringen und bei mittlerer Hitze zugedeckt in 15–20 Minuten weich kochen. Das Wasser sollte die Linsen dabei gerade bedecken. • Inzwischen die Frühlingszwiebeln waschen, die Wurzelenden entfernen. Die weißen und hellgrünen Teile der Zwiebeln in feine Streifen schneiden. Die Möhren waschen und schälen. Zuerst in Streifen, dann in kleine Würfel schneiden. Den Kohlrabi schälen und ebenfalls würfeln. Die zarten Kohlrabiblätter waschen, trockentupfen und klein schneiden. • Das Salz und den Pfeffer mit dem Essig verrühren. Den Sirup und das Öl untermischen. • Die abgekühlten Linsen vorsichtig mit dem Gemüse und dem Dressing mischen. • Den Salat einige Minuten durchziehen lassen, dann nochmals mischen und eventuell mit Salz und Pfeffer abschmecken.

Kichererbsensalat mit Gemüse

Schmeckt mit frischem Majoran besonders gut

200 g Kichererbsen
1 Bund Suppengrün · 1 Zwiebel
1 grüne Paprikaschote
1 rote Paprikaschote
125 g Zuckermais (Dose)
½ Teel. Salz · 4 Eßl. Obstessig
1 Teel. Ahornsirup
6 Eßl. kaltgepreßtes Sonnenblumenöl
¼ Teel. getrockneter Majoran

Pro Person etwa 1500 kJ/360 kcal
12 g Eiweiß · 17 g Fett · 35 g Kohlenhydrate · 9 g Ballaststoffe

Quellzeit: über Nacht
Zubereitungszeit: 1¼ Stunden
Ruhezeit: 15 Minuten

Die Kichererbsen mit kaltem Wasser übergießen und über Nacht quellen lassen. • Am nächsten Tag mit dem Einweichwasser in einen Topf geben. Die Erbsen sollten von Wasser bedeckt sein. • Das Suppengrün waschen, putzen und wieder zusammenbinden. Die Zwiebel waschen und ungeschält halbieren. Das Suppengrün und die Zwiebel zu den Kichererbsen geben. • Das Wasser mit den Kichererbsen zum Kochen bringen und die Kichererbsen zugedeckt bei mittlerer Hitze in etwa 50 Minuten weich kochen. • Dann die Zwiebel und das Suppengrün entfernen, die Kichererbsen auskühlen lassen. • Inzwischen die Paprikaschoten waschen, halbieren, die Stielenden, die Kerne und die weiße Haut entfernen. Das Fruchtfleisch erst in Streifen, dann in Würfel schneiden. Den Mais abtropfen lassen. • Das Salz mit dem Essig verrühren. Den Ahornsirup und zuletzt das Öl untermischen. • Die Paprikawürfel, den Mais und die Kichererbsen mit dem Dressing und dem Majoran vermengen. • Den Salat etwa 15 Minuten zugedeckt durchziehen lassen, dann nochmals durchmischen und eventuell mit Salz abschmecken.

Beliebte Dressings

Die Saucen sind jeweils für 4–6 Salatportionen ausreichend

Vinaigrette

im Bild hinten links

2 Prisen Salz · 1 Teel. Ahornsirup · 4 Eßl. Obstessig · 8 Eßl. kaltgepreßtes Sonnenblumenöl
Nach Belieben: fein gehackte Schalotten, Knoblauch, gehackte hartgekochte Eier, Kapern oder Kräuter

Insgesamt etwa 4250 kJ/1150 kcal · 0 g Eiweiß · 125 g Fett
2 g Kohlenhydrate · 0 g Ballaststoffe

Zubereitungszeit: 5 Minuten

Das Salz und den Sirup mit dem Essig verrühren, dann das Öl dazugeben. • Die Vinaigrette nach Belieben mit oben genannten Zutaten verändern. • Paßt zu allen Blattsalaten.

Nußdressing

im Bild hinten rechts

1 Teel. Dijonsenf · 4 Eßl. Obstessig · frisch gemahlener weißer Pfeffer · 4 Eßl. Haselnuß- oder Walnußöl · 1 Teel. Ahornsirup
2 Eßl. Creme double

Insgesamt etwa 2300 kJ/550 kcal
2 g Eiweiß · 57 g Fett · 6 g Kohlenhydrate · 0 g Ballaststoffe

Zubereitungszeit: 15 Minuten

Den Senf mit dem Essig verrühren, Pfeffer dazugeben. Das Öl mit einem Schneebesen unterschlagen, dann den Sirup und die Creme double untermischen. Das Dressing im Wasserbad leicht erwärmen. • Paßt zu Gemüse und Hülsenfrüchten.

Meerrettichsauce

im Bild vorne links

150 g Magerquark
150 g Sahne · etwa 1 Eßl. frisch geriebener Meerrettich
1–2 Eßl. Obstessig · Salz
1 Eßl. Ahornsirup · frisch gemahlener weißer Pfeffer

Insgesamt etwa 2600 kJ/620 kcal
24 g Eiweiß · 48 g Fett · 24 g Kohlenhydrate · 0 g Ballaststoffe

Zubereitungszeit: 15 Minuten

Den Quark mit der Sahne verrühren. Den Meerrettich unterrühren. Das Dressing mit dem Essig, Salz, dem Ahornsirup und Pfeffer abschmecken. • Paßt zu Tomaten, Gurken und zu Gemüsesalaten.

French Dressing

im Bild vorne rechts

1 Eigelb · 1 Prise frisch gemahlener weißer Pfeffer · 1 Teel. Dijonsenf · 1 Teel. Zitronensaft
1 Prise Zuckerrohrgranulat
1/8 l kaltgepreßtes Sonnenblumenöl
1 Becher Sanoghurt (175 g)
4–6 Eßl. Tomatenketchup

Insgesamt etwa 6030 kJ/1440 kcal · 11 g Eiweiß · 135 g Fett · 42 g Kohlenhydrate
0 g Ballaststoffe

Zubereitungszeit: 25 Minuten

Das Eigelb mit dem Pfeffer, dem Senf, dem Zitronensaft und dem Granulat cremig rühren. Das Öl unter ständigem Weiterschlagen tropfenweise unterrühren. • Die Mayonnaise mit dem Sanoghurt und dem Ketchup verrühren. • Paßt zu Rohkost.

Tomaten-Vinaigrette

Paßt am besten zu Teigwaren und Gemüse

1 kg reife Fleischtomaten
2 Knoblauchzehen
4 Eßl. Obstessig
8 Eßl. kaltgepreßtes Olivenöl
1 Eßl. Ahornsirup · Salz
frisch gemahlener schwarzer Pfeffer · eventuell 4 Zweige frisches Basilikum

Pro Person etwa 1000 kJ/240 kcal
3 g Eiweiß · 20 g Fett · 11 g Kohlenhydrate · 5 g Ballaststoffe

Zubereitungszeit: 30 Minuten

Die Tomaten waschen. Dann die Stielansätze keilförmig herausschneiden. • Reichlich Wasser zum Kochen bringen. • Die Tomaten mit einem spitzen Messer über Kreuz einritzen. Mit dem kochenden Wasser überbrühen, dann die Haut abziehen. Die Tomaten vierteln, die Kerne entfernen und das Fruchtfleisch mit einer Gabel zerdrücken. • Die Knoblauchzehen schälen, durch die Presse drücken und zum Tomatenpüree geben. Den Essig, das Öl und den Ahornsirup hinzufügen und alles mit einem Schneebesen kräftig verrühren. • Die Tomaten-Vinaigrette mit Salz und Pfeffer abschmecken. • Nach Wunsch das Basilikum waschen, die Blätter von den Stielen zupfen, trockentupfen und in feine Streifen schneiden. Das Basilikum unter die Vinaigrette mischen.

Mein Tip: Für diese Sauce benötigt man aromatische Tomaten. Sie paßt zu Teigwaren und Getreidegerichten, zu Nudel- und Reissalat, zu rohen und gegarten Gemüsen und zum Gemüsefondue. Da die Sauce roh ist, ersetzt sie den Salat.

Tomatensauce mit Zwiebeln

Eine klassische Sauce zu Teigwaren

1,5 kg reife Fleischtomaten (ersatzweise 2 Dosen geschälte Tomaten von je 850 g)
4 Zwiebeln
4 Eßl. kaltgepreßtes Olivenöl
Salz · 1–2 Eßl. Ahornsirup
3 Eßl. Obstessig
eventuell 2 Knoblauchzehen
1 Eßl. frisch gehacktes oder 1 Teel. getrocknetes Basilikum oder 2 Eßl. frisch geriebener Parmesan

Pro Person etwa 1000 kJ/240 kcal
5 g Eiweiß · 15 g Fett · 21 g Kohlenhydrate · 9 g Ballaststoffe

Vorbereitungszeit: 15 Minuten
Garzeit: 25 Minuten

Die Tomaten gründlich waschen und die Stielansätze keilförmig herausschneiden. Die Tomaten grob zerkleinern. Oder die Dosentomaten abtropfen lassen und ebenfalls grob zerkleinern. Die Zwiebeln schälen und grob hacken. • Die Tomaten mit den Zwiebeln und dem Öl in einem weiten Topf unter häufigem Umrühren bei mittlerer Hitze in etwa 25 Minuten dicklich einkochen. • Die Sauce durch ein Sieb streichen und mit Salz, dem Ahornsirup und dem Essig abschmecken. • Die Sauce nach Belieben mit den geschälten, zerdrückten Knoblauchzehen, dem Basilikum oder dem geriebenen Parmesan verfeinern.

Mein Tip: Besonders mild schmeckt die Tomatensauce, wenn Sie sie mit Crème fraîche oder Creme double verrühren.

Gemüse, Kartoffeln und Hülsenfrüchte

Was bei der Zubereitung von herkömmlichen Mahlzeiten oft zur Beilage degradiert wird, ist in der vegetarischen Küche ein wichtiger und wohlschmeckender Bestandteil kompletter Mahlzeiten.
Der Zubereitung von Gemüse sind praktisch keine Grenzen gesetzt. Sie finden schnelle Gerichte wie Frühlingsgemüse mit Bierschaumsauce, Gemüse mit cremigen Zutaten als Gratin oder Soufflé sowie in Form von knusprigen Bratlingen. Kartoffeln und Hülsenfrüchte eignen sich – mit oder ohne Gemüse – besonders gut für die Zubereitung von Aufläufen. Und die sind ideal für die Gästebewirtung. Das Rezept für Gemüse in Bierteig mit Schnittlauchsauce finden Sie auf Seite 39.

Gemüseküchlein

Kann man auch mit anderen Gemüsesorten zubereiten

1 kleiner Kopf Blumenkohl
Salz · Saft von ½ Zitrone · 150 g Möhren · ½ Bund Petersilie
2 Eier · 1 Eßl. Vollkornbrösel
frisch gemahlener weißer Pfeffer · 1 Prise frisch geriebene Muskatnuß
ungehärtetes Kokosfett

Pro Person etwa 640 kJ/150 kcal
7 g Eiweiß · 11 g Fett · 7 g Kohlenhydrate · 5 g Ballaststoffe

Zubereitungszeit: 50 Minuten

Den Blumenkohl in Röschen und Stiele teilen, kurz in Salzwasser legen und mit klarem Wasser nachspülen. Die Stiele in kleine Würfel schneiden. • Den Kohl mit wenig Wasser und dem Zitronensaft zugedeckt bei schwacher Hitze in 10–15 Minuten weich kochen. • Die Möhren waschen, schälen und zuerst in Streifen, dann in Würfel schneiden. In wenig Wasser zugedeckt bei schwacher Hitze in etwa 10 Minuten weich kochen. • Beide Gemüse abgießen und abtropfen lassen. • Die Petersilie waschen, trockentupfen, von den groben Stielen befreien und klein schneiden oder durch die Kräutermühle drehen. • Den Kohl und die Möhren mit einer Gabel zerdrücken. Die verquirlten Eier, die Petersilie und die Vollkornbrösel untermischen. Die Masse mit Salz, Pfeffer und dem Muskat abschmecken. • Wenig Fett in zwei (beschichteten) Pfannen gleichzeitig erhitzen. Mit einer kleinen Schöpfkelle Gemüseteig in die Pfannen geben und mit einem Löffel flach drücken.
• Die Küchlein bei mittlerer Hitze in insgesamt 8–10 Minuten von beiden Seiten goldgelb backen. • Dazu schmeckt Salat und Tomaten- oder Käsesauce.

Überbackene Spinatnockerl

Lassen sich auch mit frischem püriertem Spinat zubereiten

500 g pürierter tiefgefrorener Spinat · 75 g mittelalter Gouda
150 g Magerquark · 2 Eier
100 g Weizen, fein gemahlen (oder Weizenmehl Type 1700)
Salz · frisch gemahlener weißer Pfeffer · 1 Prise frisch geriebene Muskatnuß · 2 Eßl. Butter

Pro Person etwa 1200 kJ/290 kcal
19 g Eiweiß · 16 g Fett · 18 g Kohlenhydrate · 6 g Ballaststoffe

Vorbereitungszeit: 45 Minuten
Ruhezeit: 1 Stunde
Gar- und Backzeit: 25 Minuten

Den Spinat antauen lassen, erhitzen und einige Minuten bei schwacher Hitze im eigenen Saft dünsten. Dann abtropfen und erkalten lassen.
• Den Gouda fein reiben. Den Quark mit der Hälfte des Käses und den Eiern verrühren. Das Mehl dazugeben. Den Spinat unterrühren und alles mit Salz, Pfeffer und dem Muskat pikant abschmecken. • Den Teig zugedeckt 1 Stunde kühl stellen. • In einem großen Topf reichlich Salzwasser zum Kochen bringen. • Den Backofen auf 230°, den Heißluftherd auf 210° vorheizen. Eine Auflaufform mit etwas Butter ausstreichen. • Mit einem Kaffeelöffel Nockerl vom Teig stechen, in das Wasser geben und 8 Minuten bei schwacher Hitze darin ziehen lassen. • Mit einem Schaumlöffel herausheben und nebeneinander in die Auflaufform geben. Mit dem restlichen Käse bestreuen und mit der restlichen Butter in Flöckchen belegen. • Die Spinatnockerl etwa 15 Minuten auf der mittleren Schiene überbacken, bis die Oberfläche goldbraun ist.
• Dazu paßt Tomatensalat mit Zwiebeln.

Gemüse in Bierteig mit Schnittlauchsauce

Ein raffiniertes Gericht aus der vegetarischen Küche

1 Ei · Salz · 150 g Weizen, fein gemahlen (oder Weizenmehl Type 1700) · ¼ l dunkles Bier, ersatzweise alkoholfreies Bier
frisch gemahlener weißer Pfeffer · 2 Prisen frisch geriebene Muskatnuß
500 g Blumenkohl
500 g Broccoli
1–2 Bund Schnittlauch
100 g Crème fraîche
150 g Doppelrahmfrischkäse
etwas Milch
1–2 Knoblauchzehen
Zum Ausbacken: ungehärtetes Kokosfett

Pro Person etwa 2900 kJ/690 kcal
20 g Eiweiß · 50 g Fett · 31 g Kohlenhydrate · 12 g Ballaststoffe

Zubereitungszeit: 1 Stunde

Das Ei trennen. Das Eiweiß steif schlagen und beiseite stellen. Das Eigelb mit 1 Prise Salz, dem Mehl und dem Bier mit den Quirlen des Handrührgerätes zu einem glatten Teig verrühren. Mit 2 Prisen Pfeffer und dem Muskat würzen. • Den Teig 30 Minuten bei Zimmertemperatur ruhen lassen. • Inzwischen den Blumenkohl putzen, die Röschen mit kurzem Stiel abschneiden und einige Minuten in Salzwasser legen, um eventuell vorhandenes Ungeziefer zu entfernen. Dann in klarem Wasser nachspülen. Den Broccoli ebenfalls putzen, die Röschen mit kurzem Stiel abschneiden und waschen. • Beide Gemüse getrennt in wenig Salzwasser bei schwacher Hitze zugedeckt etwa 8 Minuten garen, dann abtropfen lassen. (Die Kohlstrünke und das Gemüsekochwasser können Sie für eine Gemüsesuppe verwenden). • Für die Sauce den Schnittlauch waschen, trockentupfen und in feine Röllchen schneiden. Die Crème fraîche und den Frischkäse mit so viel Milch verrühren, daß eine cremige Sauce entsteht. Die Schnittlauchröllchen unterrühren. Die Knoblauchzehen schälen und durch die Presse in die Sauce drücken. Mit Salz und Pfeffer pikant abschmecken. • Das Kokosfett in einem Topf auf 180° erhitzen. Wenn Sie kein Thermometer und keine Friteuse besitzen, halten Sie den Stiel eines hölzernen Kochlöffels in das heiße Fett. Wenn sich Bläschen um den Stiel bilden, ist die erforderliche Temperatur erreicht. • Den Bierteig noch einmal durchrühren, dann den Eischnee vorsichtig unterziehen. • Die Gemüsestücke einzeln mit einer Gabel aufspießen, durch den Teig ziehen und etwas abtropfen lassen. • Die Stücke jeweils in etwa 5 Minuten im heißen Kokosfett goldgelb ausbacken. • Auf Küchenkrepp legen und abfetten lassen. • Die Gemüsestücke jeweils warm halten, bis alle ausgebacken sind. • Das ausgebackene Gemüse mit der Schnittlauchsauce servieren.

Mein Tip: Auch andere Gemüse wie Rosenkohl und Knollensellerie eignen sich für dieses Gericht. Der Sellerie wird dazu im Ganzen über Dampf gegart, geschält und in Scheiben geschnitten. Die Scheiben mit Salz, Pfeffer und wenig gemahlenem Kümmel pikant würzen, durch den Bierteig ziehen und ausbacken. Auch die Sauce läßt sich variieren. In der Osterzeit paßt Kerbel, im Sommer gemischte Kräuter und im Herbst Zitronenmelisse.

Frühlingsgemüse mit Bierschaumsauce

Schmeckt auch mit Spargel, Schwarzwurzeln oder Broccoli

500 g Möhren · 500 g Kohlrabi
Salz · 1 Prise Currypulver
4 Eigelb · ½ l dunkles Bier, ersatzweise alkoholfreies Bier
½ unbehandelte Zitrone

Pro Person etwa 860 kJ/200 kcal
8 g Eiweiß · 7 g Fett · 12 g Kohlenhydrate · 6 g Ballaststoffe

Zubereitungszeit: 45 Minuten

Die Möhren waschen, putzen, schälen und in Scheibchen schneiden. Die Kohlrabi schälen, vierteln und ebenfalls in Scheiben schneiden. Die zarten Kohlrabiblätter waschen, abtrocknen und fein hacken. • Die Gemüse in einen Topf geben und etwa ½ cm hoch Wasser angießen. Zum Kochen bringen, das Gemüse dann bei schwacher Hitze zugedeckt in 15–20 Minuten weich dünsten. Dabei eventuell noch etwas Wasser angießen; nach der Garzeit sollte jedoch kaum mehr Gemüsekochwasser vorhanden sein. • Das Gemüse mit wenig Salz und dem Curry würzen. • Während der Garzeit ein Wasserbad vorbereiten. Dazu in einem hohen Topf Wasser zum Kochen bringen. • Die Eigelbe in ein hohes Rührgefäß geben. Die Eigelbe mit 2 Prisen Salz mit den Quirlen des Handrührgerätes über dem Wasserbad schaumig rühren. Dann das Bier in dünnem Strahl zufließen lassen und dabei so lange weiterrühren, bis eine dicke Creme entsteht. • Die Zitrone heiß abwaschen, abtrocknen und die Schale abreiben. Die Zitrone dann auspressen. • Die Sauce mit 1–2 Eßlöffeln Zitronensaft und 1 Messerspitze Zitronenschale abschmecken und zum Gemüse servieren.

Mein Tip: Damit das Gericht nicht zu schnell abkühlt, sollten Sie Servierschüssel, Sauciere und Teller vorwärmen.

Gefüllte Paprikaschoten mit Tomatensauce

Mit einer Füllung aus Grünkern und Gemüse

4 grüne gleich große
Paprikaschoten · 1 Zwiebel
2 Möhren · 1 Stange Lauch
2 Eßl. Butter · 600 ccm heißes
Wasser · 2–3 Teel. vegetarische
Brühe · 200 g Grünkern,
grob gemahlen · 2 Eier
100 g Greyerzer Käse
Vollkornbrösel · Salz · frisch
gemahlener weißer Pfeffer
edelsüßes Paprikapulver · 2 Eßl.
Tomatenmark · 100 g Crème
fraîche · 1 Teel. Ahornsirup
2 Eßl. Obstessig

Pro Person etwa 2300 kJ/550 kcal
20 g Eiweiß · 29 g Fett · 54 g
Kohlenhydrate · 6 g Ballaststoffe

Vorbereitungszeit: 45 Minuten
Garzeit: 45 Minuten

Die Schoten waschen und abtrocknen. Die Deckel abschneiden und die Stielenden vorsichtig heraustrennen. Die weiße Haut und die Kerne vorsichtig aus den Schoten entfernen. • Die Zwiebel schälen und fein hacken. Die Möhren waschen, schälen und zuerst in Streifen, dann in Würfel schneiden. Vom Lauch nur die weißen und hellgrünen Teile verwenden. Das Wurzelende abschneiden, den Lauch halbieren, waschen und in feine Streifen schneiden. • 1 Eßlöffel Butter in einem Topf erhitzen und die Zwiebel darin glasig dünsten. Die übrigen Gemüse dazugeben und alles 5 Minuten zugedeckt bei schwacher Hitze dünsten. Bei Bedarf etwas Wasser angießen. • Das restliche Wasser mit der Brühe pikant abschmecken. Langsam zum Gemüse gießen und aufkochen lassen. Den Grünkernschrot einrühren und unter ständigem Rühren einige Male aufkochen lassen. • Den Topf vom Herd ziehen und den Grünkern 5 Minuten ausquellen lassen. Den Teig abkühlen lassen. • Die Eier verquirlen. Den Käse fein reiben. Beide Zutaten mit dem Getreidebrei verrühren. Wenn der Teig zu weich ist, etwas Vollkornbrösel unterarbeiten. • Den Teig mit Salz, Pfeffer und Paprikapulver pikant abschmecken und in den Paprikaschoten verteilen. Die Deckel daraufsetzen. • Zum Garen der Schoten einen Topf verwenden, in dem sie nebeneinander Platz finden. • Die restliche Butter im Topf erhitzen, die Schoten hineinsetzen und zugedeckt bei schwacher Hitze etwa 45 Minuten schmoren. Dabei gegebenenfalls etwas Wasser hinzugießen. • Nach der Garzeit die Schoten aus dem Topf heben und warm halten. • Den Bratsatz mit dem Tomatenmark und der Crème fraîche lösen, einmal aufkochen lassen und mit dem Ahornsirup, Salz, Pfeffer und dem Obstessig pikant abschmecken. • Die Sauce über die Paprikaschoten gießen und diese sofort servieren.

Mein Tip: Die Füllung aus Grünkern und Gemüsen eignet sich auch zum Füllen anderer Gemüsesorten wie Auberginen, Gemüsezwiebeln, Kohlrabi, Schmorgurken, Tomaten und Zucchini. Kohlrabi müssen ausgehöhlt und vorgegart werden, da sie eine längere Garzeit haben.
Auberginen erhalten Sie von Mai bis Oktober, Gemüsezwiebeln von Juni bis November, Kohlrabi von Mai bis Oktober, Schmorgurken von Juni bis Oktober, Tomaten von Mai bis Oktober und Zucchini ebenfalls von Mai bis Oktober.
Zu den gefüllten Tomaten servieren Sie am besten statt einer Tomatensauce eine pikante Kräutersauce mit Schnittlauch oder Petersilie.

Kohlrouladen mit Pilzen und Nüssen

Lassen sich auch mit anderen Kohlarten zubereiten

1 großer Kopf Weißkohl · Salz
300 g frischer oder 250 g
tiefgefrorener Spinat · 250 g
Champignons · 1 Teel. Butter
3 Scheiben Vollkorn-Toastbrot
25 g Walnußkerne · 1 Ei
50 g frisch geriebener Parmesan
frisch gemahlener weißer
Pfeffer · 2 Prisen frisch
geriebene Muskatnuß
etwa ½ Teel. vegetarische
Brühe
Für die Form und zum Belegen:
Butter

Pro Person etwa 960 kJ/230 kcal
13 g Eiweiß · 13 g Fett · 16 g Kohlenhydrate · 6 g Ballaststoffe

Vorbereitungszeit: 1½ Stunden
Backzeit: 40 Minuten

Die äußeren Blätter des Kohlkopfes entfernen. Den Weißkohl dann etwa 5 Minuten in reichlich sprudelnd kochendem Salzwasser blanchieren. • Den Weißkohl kalt abschrecken und die äußeren 8 Blätter vorsichtig vom Strunk lösen (den restlichen Weißkohl für ein anderes Gericht verwenden). Die dicken Blattrippen der Kohlblätter flach schneiden. • Den Spinat waschen, gut abtropfen lassen, verlesen und die groben Stiele entfernen. Den Spinat in einem Topf bei mittlerer Hitze zugedeckt zusammenfallen lassen, dann klein hacken. • Oder den tiefgefrorenen Spinat antauen lassen, dann 5 Minuten bei mittlerer Hitze zugedeckt dünsten und eventuell fein hakken. • Die Pilze putzen, waschen, vom Stielende befreien und in Scheibchen schneiden. • Die Butter erhitzen, die Pilze darin ohne Deckel bei mittlerer Hitze etwa 3 Minuten garen. • Das Toastbrot von der Rinde befreien und in sehr kleine Würfel schneiden. Die Walnüsse grob hacken. • Für die Füllung den Spinat mit den Pilzen, den Brotwürfeln, den Nüssen, dem verquirlten Ei und dem Parmesan vermischen. Mit Salz, Pfeffer und dem Muskat abschmecken. • Die Füllung auf den Kohlblättern verteilen. Die Blätter an den Seiten über der Füllung etwas einschlagen, dann aufrollen und mit Küchengarn gut zusammenbinden.
• Den Backofen auf 210°, den Heißluftherd auf 190° vorheizen. • Etwa 1 Tasse heißes Wasser mit der Brühe verrühren.
• Eine Auflaufform mit Butter ausstreichen. Die Kohlrouladen nebeneinander hineinlegen, mit Butterflöckchen belegen und auf der mittleren Schiene des Ofens etwa 20 Minuten garen. Dabei immer wieder etwas Brühe angießen. • Dann die Rouladen wenden und nochmals 20 Minuten schmoren. Dabei ebenfalls nach Bedarf Brühe angießen. • Die Kohlrouladen vor dem Servieren von dem Küchengarn befreien.
• Dazu paßt körnig gegarter Naturreis oder Hirse.

Mein Tip: Falls Sie einmal ganz wenig Zeit haben: Bereiten Sie die Kohlblätter und die Füllung wie hier beschrieben zu. Dann fetten Sie die Auflaufform aus und schichten Kohlblätter und Füllung nacheinander in die Auflaufform. Sie ersparen sich dadurch das »Päckchenpacken« der Kohlrouladen. Das geschmackliche Ergebnis ist genauso gut. Natürlich müssen die Kohlblätter auch mit der Flüssigkeit begossen werden, aber das Wenden entfällt selbstverständlich.

Gemüseauflauf mit Roggen

Ein Winteressen mit Gemüse aus der Tiefkühltruhe

- 300 g Roggen
- 200 g tiefgefrorene Erbsen
- 200 g tiefgefrorene Möhren
- 200 g tiefgefrorener Mais
- Salz · 250 g Magerquark
- 125 g Sahne · 1 Knoblauchzehe
- ½ Bund Petersilie · frisch gemahlener weißer Pfeffer
- 2 Eier
- ½ Teel. getrockneter Majoran
- Für die Form: Butter

Pro Person etwa 2000 kJ/480 kcal
24 g Eiweiß · 16 g Fett · 61 g Kohlenhydrate · 16 g Ballaststoffe

Quellzeit: über Nacht
Vorbereitungszeit: 45 Minuten
Backzeit: 45 Minuten

Den Roggen in einer Tasse abmessen. Mit der doppelten Menge Wasser übergießen und über Nacht einweichen.
• Den Roggen am nächsten Tag im Einweichwasser zum Kochen bringen und zugedeckt bei schwacher Hitze in etwa 30 Minuten gar kochen. • Die Erbsen, die Möhren und den Mais zusammen in wenig Salzwasser bei mittlerer Hitze in etwa 8 Minuten weich dünsten, dann abtropfen lassen. • Den Backofen auf 210°, den Heißluftherd auf 190° vorheizen. • Den Quark mit der Sahne verrühren. Den Knoblauch schälen, durch die Presse drücken und untermischen. Die Petersilie waschen, trockentupfen und kleinschneiden. Ebenfalls unter den Quark mischen und diesen mit Salz und Pfeffer pikant abschmecken. • Die Eier verquirlen und vorsichtig mit dem Roggen und dem Gemüse mischen. Mit Salz, Pfeffer und dem Majoran abschmecken.
• Eine Auflaufform mit Butter ausstreichen und die Getreidemischung einfüllen. Die Quarkmasse darauf verstreichen.
• Den Auflauf auf der mittleren Schiene etwa 45 Minuten garen, bis er schön gebräunt ist.

Überbackene Auberginen

Das Gericht schmeckt auch mit Zucchini

- 2 mittelgroße Auberginen · Salz frisch gemahlener weißer Pfeffer · 3 mittelgroße Zwiebeln
- 2 Eßl. Butter · 2 Knoblauchzehen · 1–2 Eßl. Wasser
- 3 Eßl. Haselnußkerne
- 3 Eßl. Crème fraîche
- ½ Teel. getrockneter Thymian
- 75 g Emmentaler
- Für die Form: Butter

Pro Person etwa 1200 kJ/290 kcal
9 g Eiweiß · 24 g Fett · 10 g Kohlenhydrate · 4 g Ballaststoffe

Vorbereitungszeit: 35 Minuten
Backzeit: 30 Minuten

Die Auberginen waschen, abtrocknen, von den Stielansätzen befreien und der Länge nach halbieren. Die Auberginen mit einem Eßlöffel aushöhlen und mit Salz und Pfeffer würzen. Das ausgelöste Fruchtfleisch kleinschneiden. • Die Zwiebeln schälen, fein würfeln und in 1 Eßlöffel Butter glasig dünsten. Dann die gehackten Auberginen dazugeben. • Die Knoblauchzehen schälen, durch die Presse drücken und mit dem Wasser zum Gemüse geben. Alles zugedeckt bei schwacher Hitze 5 Minuten dünsten. • Den Backofen auf 230°, den Heißluftherd auf 210° vorheizen.
• Die Nüsse grob hacken und mit der Crème fraîche unter die Auberginen rühren. Mit Salz, Pfeffer und dem Thymian abschmecken. Die Mischung in die ausgehöhlten Auberginen füllen. • Eine feuerfeste Form mit Deckel mit etwas Butter ausstreichen. Die Auberginen hineinlegen und mit der restlichen Butter in Flöckchen belegen. • Die Auberginen auf der mittleren Schiene 20 Minuten zugedeckt garen. • Den Käse reiben, über die Auberginen streuen und alles weitere 10 Minuten offen überbacken.
• Dazu paßt Tomatensauce (Rezept Seite 35).

Feine Gemüse aus dem Backofen

Gut geeignet zur Gästebewirtung

Zucchiniauflauf

im Bild links

- 4 mittelgroße Zucchini
- ungehärtetes Kokosfett
- 2 Zwiebeln · 2 Möhren · 1 Teel. Butter · 3 Eßl. Tomatenmark
- 200 g Crème fraîche
- 1 Knoblauchzehe · Salz · frisch gemahlener weißer Pfeffer
- 2 Prisen frisch geriebene Muskatnuß · 1 Eßl. Ahornsirup
- 1 Eßl. Obstessig
- 175 g Magerquark · 1 Ei
- 100 g mittelalter Gouda
- ½ Teel. getrocknetes Basilikum
- Für die Form: Butter

Pro Person etwa 1900 kJ/450 kcal
19 g Eiweiß · 34 g Fett · 16 g Kohlenhydrate · 5 g Ballaststoffe

Vorbereitungszeit: 1 Stunde
Backzeit: 30 Minuten

Die Zucchini waschen, in 1 cm dicke Scheiben schneiden und in wenig Fett bei mittlerer Hitze goldbraun braten. Auf Küchenpapier abfetten lassen. • Die Zwiebeln schälen und fein hacken. Die Möhren waschen, schälen und würfeln. • Die Butter erhitzen, die Zwiebeln darin glasig dünsten. Die Möhren, das Tomatenmark und die Hälfte der Crème fraîche unterrühren. Den Knoblauch schälen und dazudrücken. Mit Salz, Pfeffer, dem Muskat, dem Sirup und dem Essig abschmekken und bei schwacher Hitze 10 Minuten zugedeckt köcheln lassen. • Den Quark mit dem Ei verrühren. Den Käse fein reiben und mit der restlichen Crème fraîche dazugeben. Mit Salz und Pfeffer abschmecken. • Den Backofen auf 220°, den Heißluftherd auf 200° vorheizen. • Eine Auflaufform mit Butter ausstreichen. Die Hälfte der Zucchini darin verteilen, salzen und mit etwas Basilikum bestreuen. Die Tomatensauce darübergießen, mit den restlichen Zucchini belegen, mit Salz und dem restlichen Basilikum bestreuen. Die Quarksauce darüber verteilen. • Den Zucchiniauflauf auf der mittleren Schiene etwa 30 Minuten überbacken.

Spinatsoufflé

im Bild rechts

- 300 g Spinat
- 3 Eßl. Crème fraîche · 1 Zwiebel
- 1 Eßl. Butter · 1 Knoblauchzehe
- 4 Eier · 50 g frisch geriebener Parmesan · Salz
- 1 Prise frisch geriebene Muskatnuß · frisch gemahlener weißer Pfeffer
- Für die Form: Butter

Pro Person etwa 1000 kJ/240 kcal
14 g Eiweiß · 19 g Fett · 3 g Kohlenhydrate · 2 g Ballaststoffe

Vorbereitungszeit: 40 Minuten
Backzeit: 20 Minuten

Den Spinat waschen, verlesen und von den groben Stielen befreien. Dann in einem Topf zugedeckt bei mittlerer Hitze zusammenfallen und anschließend abtropfen lassen. • Den Spinat mit der Crème fraîche im Mixer pürieren. • Den Backofen auf 205°, den Heißluftherd auf 185° vorheizen. • Die Zwiebel schälen, fein würfeln und in der Butter glasig dünsten. Den Spinat dazugeben. Den Knoblauch schälen und dazudrücken. Alles bei schwacher Hitze 5 Minuten dünsten. • Die Eier trennen. Die Eiweiße steif schlagen. Die Eigelbe und den Parmesan unter den Spinat mischen. Mit Salz, dem Muskat und Pfeffer abschmecken. Den Eischnee unterziehen. • Eine Auflaufform mit Butter ausstreichen. Den Teig einfüllen und auf der mittleren Schiene 15–20 Minuten backen, bis das Soufflé aufgegangen ist.

Rote-Bete-Püree mit Mandeln

Dazu schmecken Kartoffelpflänzchen oder -püree

500 g rote Beten · 50 g Mandelblättchen · 1 Knoblauchzehe
150 g Crème fraîche · Milch
Salz · frisch gemahlener weißer Pfeffer · 1 Teel. Apfeldicksaft
½ Teel. getrockneter Majoran

Pro Person etwa 1200 kJ/290 kcal
6 g Eiweiß · 22 g Fett · 15 g Kohlenhydrate · 4 g Ballaststoffe

Garzeit der roten Beten: 1 Stunde
Fertigstellung: 25 Minuten

Die roten Beten waschen. Einen Kartoffeldämpfer etwa 2 fingerhoch mit Wasser füllen. Die roten Beten im Dämpfeinsatz in den Topf geben und bei mittlerer Hitze über Dampf etwa 1 Stunde garen, bis sie weich sind. Oder die gewaschenen Rüben im Backofen bei 220°, im Heißluftherd bei 200° auf der mittleren Schiene in 50–60 Minuten weich backen. • Die Mandelblättchen ohne Fett in einer Pfanne unter häufigem Wenden bei mittlerer Hitze goldgelb rösten. • Die heißen Rüben von der Haut befreien, zerkleinern und in den Mixer geben. Die Knoblauchzehe schälen und hacken. Mit der Crème fraîche zu den roten Beten geben und alles pürieren. Dabei so viel Milch zugießen, daß ein glattes Püree entsteht. Mit Salz, Pfeffer, dem Apfeldicksaft und dem Majoran abschmecken. • Das Püree noch einmal erhitzen und mit den Mandelblättchen bestreut servieren.

Mein Tip: Das Rote-Bete-Püree läßt sich vielfältig abwandeln. Sie können 1–2 rohe Äpfel in das Püree reiben. Dann erübrigt sich die Zugabe des Apfeldicksaftes. Oder Sie geben 1 geriebenen Apfel und 1 Eßlöffel frisch geriebenen Meerrettich zum Gemüse. Sehr fein schmecken auch Sesamsprossen, die im Gemüse erhitzt werden. Und statt der Mandelblättchen können Sie geröstete Sonnenblumenkerne über das Püree streuen.

Würzige Sprossengerichte

Die Samen für die Sprossen müssen Sie rechtzeitig ansetzen

Sprossengemüse mit Paprikaschoten

im Bild links

etwa 180 g Sprossen, von
1 Sorte oder gemischt, zum
Beispiel Linsen- und Weizenkeimlinge
1 grüne Paprikaschote
1 rote Paprikaschote
1 gelbe Paprikaschote
1 Bund Frühlingszwiebeln
1 gehäufter Eßl. Butter
5 Eßl. Sojasauce
2 Prisen Salz · 3 Prisen frisch
gemahlener weißer Pfeffer

Pro Person etwa 570 kJ/140 kcal
10 g Eiweiß · 7 g Fett · 13 g
Kohlenhydrate · 6 g Ballaststoffe

Zubereitungszeit: 30 Minuten

Die Sprossen in einem Sieb unter fließendem kaltem Wasser abbrausen, dann abtropfen lassen. Die Paprikaschoten waschen, halbieren und die Stielenden abschneiden. Die weiße Haut und die Kerne entfernen. Das Fruchtfleisch in Würfel schneiden. Die Frühlingszwiebeln waschen und die Wurzelenden abschneiden. Die weißen und hellgrünen Teile in feine Ringe schneiden. • Die Butter in einer großen Pfanne erhitzen. Die Zwiebelringe und die Paprikawürfel dazugeben und unter häufigem Wenden bei mittlerer Hitze etwa 10 Minuten dünsten. Dann das Gemüse an den Rand der Pfanne schieben und die Sprossen in die Mitte geben. Unter vorsichtigem Wenden rasch erhitzen. • Dann alle Gemüse in der Pfanne vermengen und mit der Sojasauce, dem Salz und dem Pfeffer abschmecken. • Das Sprossengemüse auf vorgewärmten Tellern servieren. • Dazu paßt Kartoffelpüree.

Omeletts mit Sprossen

im Bild rechts

etwa 90 g Sprossen, zum
Beispiel Alfalfa und Mungobohnenkeimlinge
300 g Egerlinge oder
Champignons · 2 Zwiebeln
1 Bund Schnittlauch
2 Eßl. Butter · 4 Eier
4 Eßl. lauwarmes Wasser
Salz · frisch gemahlener
schwarzer Pfeffer

Pro Person etwa 840 kJ/200 kcal
13 g Eiweiß · 14 g Fett · 7 g
Kohlenhydrate · 5 g Ballaststoffe

Zubereitungszeit: 20 Minuten

Die Sprossen in einem Sieb gründlich mit kaltem Wasser abspülen, dann abtropfen lassen. • Die Pilze waschen, putzen, von den Stielenden befreien und in feine Scheiben schneiden. Die Zwiebeln schälen und fein würfeln. Den Schnittlauch waschen, mit Küchenpapier trockentupfen und in feine Röllchen schneiden. • Die Butter in zwei Pfannen gleichzeitig erhitzen und die Zwiebeln darin glasig braten. Die Pilze dazugeben und bei mittlerer Hitze ohne Deckel etwa 5 Minuten dünsten. Dabei die Flüssigkeit einkochen lassen. • Inzwischen die Eier mit dem Wasser und dem Schnittlauch verquirlen und mit Salz und Pfeffer pikant würzen. • Die Sprossen über die Pilze streuen, vorsichtig untermischen und heiß werden lassen. • Die verquirlten Eier über die Sprossenmischung gießen und die Omeletts jeweils bei mittlerer Hitze stocken lassen. • Die Omeletts halbieren und auf vorgewärmten Tellern anrichten. • Dazu paßt mit Knoblauch gewürzter Spinat.

Backkartoffeln mit drei Dips

Die Kartoffeln sollten aus kontrolliertem Anbau stammen

Zutaten für 6 Personen:
6–12 gleich große, mehligkochende Kartoffeln · etwa 3 Eßl. kaltgepreßtes Sonnenblumenöl · Salz · Kümmel
Für den Kräuterdip:
250 g trockener Magerquark
100 g Sahne · 1 Zwiebel
1 Knoblauchzehe · etwa 30 g gemischte Kräuter, zum Beispiel Schnittlauch, Petersilie, Dill, Zitronenmelisse, Estragon, Borretsch und Kresse · Salz
frisch gemahlener weißer Pfeffer · ½ Teel. Kümmel
¼ Teel. edelsüßes Paprikapulver
Für den Knoblauchdip:
1 Eßl. Sonnenblumenkerne
1 Zwiebel · 2 Knoblauchzehen
1 Bund Schnittlauch · 250 g trockener Magerquark · 100 g Sahne · Salz · frisch gemahlener weißer Pfeffer

Für die Käsecreme:
1 Zwiebel · 6 Walnußkerne
½ Bund Petersilie · ½ Bund Dill
½ Bund Schnittlauch
125 g Edelpilzkäse
125 g Doppelrahmfrischkäse
1 Becher Sanoghurt (175 g)
Salz · frisch gemahlener weißer Pfeffer

Pro Person etwa 2350 kJ/555 kcal
25 g Eiweiß · 35 g Fett · 36 g Kohlenhydrate · 6 g Ballaststoffe

Zubereitungszeit: 45 Minuten

Den Backofen auf 220°, den Heißluftherd auf 200° vorheizen. • Ein Backblech mit Alufolie auskleiden, dabei die glänzende Seite nach oben geben. • Die Kartoffeln mit einer Bürste unter fließendem Wasser gründlich säubern und anschließend gründlich abtrocknen. • Die Kartoffeln der Länge nach halbieren. Die Schnittflächen mit dem Öl bestreichen, mit wenig Salz und reichlich Kümmel bestreuen. • Die Kartoffeln mit der Schnittfläche nach unten auf das Backblech setzen und auf der oberen Schiene etwa 30 Minuten backen, bis sie weich sind. • Inzwischen für den Kräuterdip den Quark mit der Sahne verrühren. Die Zwiebel und den Knoblauch schälen, fein hacken und unterrühren. Die Kräuter waschen, trockentupfen und die groben Stiele entfernen. Die Kräuter fein schneiden oder durch die Kräutermühle drehen und unter den Quark rühren. Alles mit Salz, Pfeffer und dem Kümmel abschmecken. Mit dem Paprikapulver bestreut anrichten. • Für den Knoblauchdip die Sonnenblumenkerne in einer trockenen Pfanne bei mittlerer Hitze rösten. Die Zwiebel schälen und fein hakken. Den Knoblauch schälen und durch die Presse drücken. Den Schnittlauch waschen, trockentupfen und in feine Röllchen schneiden. Den Quark mit der Sahne verrühren. Die Zwiebel, den Knoblauch und den Schnittlauch untermischen und den Quark mit Salz und Pfeffer pikant abschmecken. Zuletzt die Sonnenblumenkerne untermischen. • Für die Käsecreme die Zwiebel schälen und fein hacken. Die Nüsse grob hakken. Die Kräuter waschen, trokkenschwenken, von den groben Stielen befreien und kleinschneiden oder durch die Kräutermühle drehen. Den Edelpilzkäse mit einer Gabel zerdrükken, dann mit dem Frischkäse und dem Sanoghurt verrühren. Die Zwiebel, die Nüsse und die Kräuter untermischen. Mit Salz und Pfeffer abschmecken. • Die Dips zu den Backkartoffeln servieren.

Feine Beilagen aus Kartoffelteig

Die Kartoffeln müssen bereits am Vortag gegart werden

Kartoffelküchlein mit Käse

im Bild links

750 g mehligkochende Kartoffeln, am Vortag gegart
75 g mittelalter Gouda · 1 Ei
etwa 3 Eßl. Grünkern, fein gemahlen · ¼ Teel. Salz
1 Prise frisch gemahlener weißer Pfeffer · 1 Prise frisch geriebene Muskatnuß
½ Bund Petersilie
Zum Braten: Butter

Pro Person etwa 1500 kJ/360 kcal
11 g Eiweiß · 18 g Fett · 37 g Kohlenhydrate · 5 g Ballaststoffe

Zubereitungszeit: 30 Minuten

Die Kartoffeln schälen und reiben. Den Käse ebenfalls fein reiben. • Die Kartoffeln, den Käse, das verquirlte Ei, das Grünkernmehl, das Salz, den Pfeffer und den Muskat in eine große Schüssel geben. Die Petersilie waschen, trockentupfen, die groben Stiele entfernen, die Blätter kleinschneiden und zu den übrigen Zutaten in die Schüssel geben. • Alles zu einem glatten Teig verkneten und daraus eine Rolle formen. Gleichmäßig dicke Scheiben abschneiden. • Die Küchlein in einer (beschichteten) Pfanne in wenig Butter bei mittlerer Hitze von beiden Seiten in etwa 8 Minuten knusprig braun braten. • Paßt zu Salat oder Gemüse.

Mein Tip: Sie können den Käse auch weglassen; dafür 100 g Haselnußkerne grob mahlen und die Küchlein vor dem Braten darin wenden.

Schupfnudeln

im Bild rechts

650 g mehligkochende Kartoffeln, am Vortag gegart
Salz · 2 Eigelb · ½ Bund Petersilie
2 Eßl. Weizen, fein gemahlen (oder Weizenmehl Type 1700)
2 Prisen frisch geriebene Muskatnuß
Zum Braten: Butter

Pro Person etwa 1000 kJ/240 kcal
6 g Eiweiß · 12 g Fett · 29 g Kohlenhydrate · 5 g Ballaststoffe

Zubereitungszeit: 40 Minuten

Die Kartoffeln schälen und reiben. • Reichlich Wasser mit Salz zum Kochen bringen. • Die Eigelbe verquirlen. Die Petersilie waschen, trockentupfen, die groben Stiele entfernen und die Blätter hacken. • Die Kartoffeln, die Eigelbe, die Petersilie, das Mehl, den Muskat und Salz zu einem festen Teig verkneten. Eine Rolle daraus formen und gleichmäßig dicke Scheiben abschneiden. Aus jeder Scheibe ein fingerlanges und -dickes Röllchen formen. • Die Schupfnudeln in das kochende Salzwasser legen. Sobald sie an die Oberfläche steigen, die Schupfnudeln mit einer Schaumkelle aus dem Wasser heben und abtropfen lassen. • Butter in einer (beschichteten) Pfanne erhitzen. Die Nudeln darin bei mittlerer Hitze von allen Seiten in etwa 8 Minuten goldbraun braten. • Paßt zu Sauerkraut.

Mein Tip: Kräftiger schmecken die Schupfnudeln, wenn Sie Roggenmehl verwenden. Dazu paßt als Gewürz 1 Messerspitze gemahlener Kümmel.

Knusprige Kartoffelaufläufe

Mit Gemüse und würzigem Käse

Kartoffel-Spinat-Auflauf

im Bild links

300 g Spinat · 2 Zwiebeln
1 Knoblauchzehe · 1 Teel. Butter
150 g Crème fraîche · Salz
frisch gemahlener weißer
Pfeffer · 1 Prise frisch geriebene
Muskatnuß · 100 g mittelalter
Gouda · 2 Eier · 650 g mehlig-
kochende Kartoffeln
Für die Form: Butter

Pro Person etwa 1800 kJ/430 kcal
16 g Eiweiß · 28 g Fett · 30 g
Kohlenhydrate · 7 g Ballaststoffe

Vorbereitungszeit: 50 Minuten
Backzeit: 50–60 Minuten

Eine Auflaufform mit Butter ausstreichen. • Den Spinat waschen und gut abtropfen lassen, dann verlesen und die groben Stiele entfernen. • Den Spinat in einen Topf geben und zugedeckt bei mittlerer Hitze zusammenfallen lassen, dann hacken. • Die Zwiebeln und die Knoblauchzehe schälen und fein würfeln, dann in der Butter glasig dünsten. Den Spinat und 50 g Crème fraîche unterrühren und alles mit Salz, Pfeffer und dem Muskat abschmecken. • Den Käse reiben. Die restliche Crème fraîche mit den Eiern und dem Käse verrühren. Mit Salz und Pfeffer abschmecken. • Den Backofen auf 210°, den Heißluftherd auf 190° vorheizen. • Die Kartoffeln waschen, schälen und in feine Scheiben schneiden. Das gelingt am besten mit einem Gurkenhobel. Die Scheiben dachziegelartig in die vorbereitete Form schichten und salzen. Den Spinat darüber verteilen und mit der Käsecreme bestreichen. • Den Auflauf auf der mittleren Schiene des Ofens 50–60 Minuten backen, bis die Oberfläche goldbraun ist.

Kartoffel-Lauch-Auflauf

im Bild rechts

200 g Edelpilzkäse
200 g Crème fraîche · frisch
gemahlener weißer Pfeffer
750 g Lauch · 750 g mehlig-
kochende Kartoffeln · Salz
Für die Form: Butter

Pro Person etwa 2400 kJ/570 kcal
18 g Eiweiß · 38 g Fett · 37 g
Kohlenhydrate · 6 g Ballaststoffe

Vorbereitungszeit: 40 Minuten
Backzeit: 45 Minuten

Eine Auflaufform mit Butter ausstreichen. • Den Edelpilzkäse mit einer Gabel zerdrücken, mit der Crème fraîche verrühren und alles mit Pfeffer abschmecken. • Vom Lauch nur die weißen und hellgrünen Teile verwenden. Die Wurzelenden abschneiden. Den Lauch der Länge nach halbieren, waschen und in feine Streifen schneiden. Die Kartoffeln waschen, schälen und in dünne Scheiben schneiden. Das gelingt am besten mit dem Gurkenhobel. • Den Backofen auf 210°, den Heißluftherd auf 190° vorheizen. • Die Kartoffeln dachziegelartig in die vorbereitete Form schichten, dabei mit Salz und Pfeffer bestreuen. Die Lauchringe darüber streuen und ebenfalls salzen und pfeffern. Die Käsecreme darüber verstreichen. • Den Auflauf auf der mittleren Schiene des Ofens etwa 45 Minuten backen, bis die Oberfläche goldbraun ist.

Mein Tip: Mit der Wahl des Edelpilzkäses bestimmen Sie, ob der Auflauf mild (mit Danablu) oder herzhaft (mit italienischem Gorgonzola oder französischem Roquefort) im Geschmack ist.

Kartoffelpizza »Margherita«

Dazu schmeckt gemischter Salat

Zutaten für 6–8 Personen:
Für den Teig:
200 g Sahne · 3 Eier
¼ Teel. Salz · ½ Teel. getrockneter Majoran · 100 g frisch geriebener Parmesan
1 kg mehligkochende Kartoffeln
Für den Belag:
1 große Dose geschälte Tomaten (800 g) · Salz · frisch gemahlener schwarzer Pfeffer
½ Teel. getrocknetes Basilikum
2 Knoblauchzehen
300 g Mozzarella · etwa 70 g kaltgepreßtes Olivenöl
Für die Form: Butter

Bei 8 Portionen etwa 1800 kJ/ 430 kcal · 18 g Eiweiß · 29 g Fett 26 g Kohlenhydrate · 5 g Ballaststoffe pro Person

Vorbereitungszeit: 45 Minuten
Backzeit: 40 Minuten

Den Backofen auf 210°, den Heißluftherd auf 190° vorheizen. • Die Sahne mit den Eiern verquirlen. Das Salz, den Majoran und den Parmesan unterrühren. Die Kartoffeln waschen, schälen, sofort auf der Rohkostreibe in die Eiersahne raffeln und gut untermengen. Den Teig eventuell nachsalzen. • Eine ausreichend große feuerfeste rechteckige Form mit Butter ausstreichen. • Den Teig in die Form füllen (er soll etwa 2 cm dick sein) und 20 Minuten auf der mittleren Schiene des Ofens vorbacken. • Inzwischen die Tomaten abtropfen lassen und mit einer Gabel zerdrücken. Mit Salz, Pfeffer und dem Basilikum abschmecken. Die Knoblauchzehen schälen und durch die Presse in die Tomatensauce drücken. Den Mozzarella abtropfen lassen und in Scheiben schneiden. • Zuerst die Tomatensauce, dann die Mozzarellascheiben auf dem Kartoffelboden verteilen. Den Käse salzen. • Die Pizza mit dem Öl beträufeln und in etwa 20 Minuten fertig backen.

Linseneintopf mit buntem Gemüse

Ballaststoffreiche Gerichte sorgen für die schlanke Linie

300 g Linsen · 1 Stange Lauch
2 Möhren · 150 g Knollensellerie
2 Zwiebeln · 2 Eßl. Tomatenmark
nach Belieben ⅛ l trockener
Rotwein
Salz · gemahlener Koriander
1 Knoblauchzehe · 1 Eßl. Butter
1 Eßl. Ahornsirup
100 g Crème fraîche
½ Teel. Currypulver

Pro Person etwa 1900 kJ/450 kcal
21 g Eiweiß · 15 g Fett · 51 g
Kohlenhydrate · 13 g Ballaststoffe

Zubereitungszeit: 45 Minuten

Die Linsen waschen. Dann in 900 ccm kaltes Wasser geben. Die an der Oberfläche schwimmenden Linsen entfernen. • Die Gemüse vorbereiten. Vom Lauch nur die weißen und hellgrünen Teile verwenden. Das Wurzelende entfernen, den Lauch längs halbieren, waschen und in feine Streifen schneiden. Die Möhren und den Sellerie schälen und klein würfeln. Die Zwiebeln schälen und hacken. • Die Linsen mit dem Wasser in einen Topf geben. Die Gemüse und das Tomatenmark dazugeben und die Linsen bei schwacher Hitze zugedeckt in 15 Minuten weich kochen. • Den Wein oder die entsprechende Menge Wasser unterrühren. Den Eintopf mit Salz und Koriander abschmecken. Die Knoblauchzehe schälen, durch die Presse drücken und mit der Butter und dem Sirup unter die Linsen mischen. • Den Eintopf in vorgewärmte Teller verteilen, mit je 1 Eßlöffel Crème fraîche garnieren und mit dem Currypulver bestäuben.

Überbackene Linsen

Berglinsen sind kleine, besonders aromatische Hülsenfrüchte

300 g Berglinsen · 2 Zwiebeln
1 Stange Lauch · 2 Möhren
1 Eßl. Butter · 200 g Crème
fraîche · 175 g Bergkäse
25 g Walnußkerne · Salz · frisch
gemahlener weißer Pfeffer
Für die Form: Butter

Pro Person etwa 2900 kJ/690 kcal
34 g Eiweiß · 42 g Fett · 47 g
Kohlenhydrate · 11 g Ballaststoffe

Vorbereitungszeit: 35 Minuten
Backzeit: 30 Minuten

Die Linsen waschen. Dann in 900 ccm kaltes Wasser schütten. Die an der Oberfläche schwimmenden Linsen entfernen. Die Linsen zum Kochen bringen und bei schwacher Hitze zugedeckt in 15 Minuten weich kochen. • Die Zwiebeln schälen und würfeln. Den Lauch vom Wurzelende befreien, längs halbieren, waschen und die hellgrünen und weißen Teile in feine Streifen schneiden. Die Möhren schälen und auf der Gemüsereibe raffeln. • Die Butter erhitzen. Zuerst die Zwiebeln darin glasig dünsten, dann den Lauch, die Möhren und 50 g Crème fraîche dazugeben und alles bei schwacher Hitze zugedeckt 5 Minuten köcheln lassen. • Den Bergkäse grob reiben, die Nüsse grob hacken. • Eine Auflaufform mit Butter ausstreichen. Den Backofen auf 210°, den Heißluftherd auf 190° vorheizen. • Die Linsen abtropfen lassen, dann mit dem Gemüse und etwa 100 g Käse vermengen. Mit Salz und Pfeffer abschmecken und in die Form füllen. Die restliche Crème fraîche mit dem restlichen Käse und den Nüssen verrühren, mit Salz und Pfeffer würzen und auf die Linsen streichen. • Den Auflauf auf der mittleren Schiene des Ofens in etwa 30 Minuten goldbraun backen.

Kichererbseneintopf mit Gemüse

Wählen Sie aromatische Gemüse der Saison

Zutaten für 6 Personen:
500 g Kichererbsen · 250 g Zwiebeln · 2 Knoblauchzehen
3 Tomaten · 1 grüne Paprikaschote · 1 mittelgroßer Zucchino · 4 Eßl. kaltgepreßtes Olivenöl · Salz · 1 Eßl. Ahornsirup · frisch gemahlener weißer Pfeffer · 3 Prisen gemahlener Koriander · 1 gehäufter Eßl. geschälte Sesamsamen

Pro Person etwa 1600 kJ/380 kcal
19 g Eiweiß · 11 g Fett · 49 g Kohlenhydrate · 11 g Ballaststoffe

Quellzeit: über Nacht
Garzeit: 60–80 Minuten
Fertigstellung: 40 Minuten

Die Kichererbsen über Nacht in etwa 1½ l Wasser einweichen. • Am nächsten Tag im Einweichwasser zum Kochen bringen und zugedeckt bei mittlerer Hitze in 60–80 Minuten weich kochen. Dabei eventuell noch etwas Wasser nachgießen. • Die Zwiebeln und die Knoblauchzehen schälen und fein hacken. Die Tomaten über Kreuz einritzen, mit kochendem Wasser überbrühen, häuten und würfeln. Die Paprikaschote waschen, halbieren, von Kernen und weißer Haut befreien und würfeln. Den Zucchino waschen, putzen und ebenfalls würfeln. • Das Öl erhitzen und die Zwiebeln und den Knoblauch darin glasig dünsten. Die Kichererbsen dazugeben, mit Salz und dem Ahornsirup abschmecken und 5 Minuten bei mittlerer Hitze köcheln lassen. • Die Gemüse unterrühren und alles zugedeckt weitere 20 Minuten köcheln lassen. • Den Eintopf mit Salz, Pfeffer und dem Koriander abschmecken. • Die Sesamsamen in einer trockenen Pfanne bei mittlerer Hitze goldbraun rösten und vor dem Servieren über den Eintopf streuen.

Linsen-Gemüse-Küchlein

Dazu paßt Blattsalat mit Eier-Vinaigrette

250 g Linsen · 1 Zwiebel
2 Möhren · 100 g Knollensellerie · Salz · frisch gemahlener weißer Pfeffer
½ Teel. getrockneter Majoran
1 Ei · 1 gehäufter Eßl. halbfettes Sojamehl · Vollkornbrösel
Zum Braten: ungehärtetes Kokosfett

Pro Person etwa 1300 kJ/310 kcal
19 g Eiweiß · 8 g Fett · 38 g Kohlenhydrate · 10 g Ballaststoffe

Zubereitungszeit: 1¼ Stunden

Die Linsen waschen. Dann in ¾ l kaltes Wasser schütten. • Die an der Oberfläche schwimmenden Linsen entfernen. Die Linsen zum Kochen bringen und bei schwacher Hitze 15 Minuten zugedeckt köcheln lassen. • Inzwischen die Zwiebel schälen und fein hakken. Die Möhren waschen, schälen und auf der Rohkostreibe grob raffeln. Den Sellerie schälen und zuerst in Scheiben, dann in Streifen und zuletzt in Würfel schneiden. • Alle Gemüse zu den Linsen geben, mit Salz, Pfeffer und dem Majoran abschmecken und weitere 15 Minuten köcheln lassen. Dabei eventuell etwas Wasser nachgießen. • Die Linsen abkühlen lassen, dann mit dem Ei, dem Sojamehl und so viel Böseln verkneten, daß ein formbarer Teig entsteht. Den Teig mit Salz und Pfeffer abschmecken und Küchlein daraus formen. • In einer (beschichteten) Pfanne wenig Kokosfett erhitzen. Die Bratlinge darin bei schwacher bis mittlerer Hitze auf beiden Seiten in 5–8 Minuten goldbraun braten.

Tofuküchlein mit Gemüse

Tofu sollte immer kräftig gewürzt werden

350 g Knollensellerie
350 g Möhren · 200 g Tofu
etwa 2 Eßl. Vollkornbrösel
Salz · frisch gemahlener weißer
Pfeffer · 2 Prisen frisch
geriebene Muskatnuß
¼ Teel. getrockneter Estragon
½ Bund Petersilie
Zum Braten: ungehärtetes
Kokosfett

Pro Person etwa 590 kJ/140 kcal
7 g Eiweiß · 8 g Fett · 12 g Kohlenhydrate · 4 g Ballaststoffe

Zubereitungszeit: 50 Minuten

Den Sellerie und die Möhren gründlich waschen. • In einem Kartoffeldämpfer etwa 2 fingerhoch Wasser zum Kochen bringen. Den Sellerie und die Möhren über Dampf zugedeckt weich garen. • Das Gemüsekochwasser beiseite stellen. Die Gemüse abkühlen lassen, dann schälen und grob zerkleinern. • Den Tofu abtropfen lassen und würfeln. Die Gemüse und den Tofu im Mixer pürieren, dabei so viel Gemüsekochwasser zugießen, daß sich die Zutaten gut zerkleinern lassen. Wenn Sie keinen Mixer besitzen, die Gemüse und den Tofu mit einer Gabel gründlich zerkleinern und verrühren.
• Das Gemüsepüree mit so viel Bröseln verkneten, daß ein formbarer Teig entsteht. Mit Salz, Pfeffer, dem Muskat und dem Estragon pikant abschmecken. Die Petersilie waschen, trockentupfen, von den groben Stielen befreien, kleinschneiden und unter den Tofuteig mischen. • In zwei (beschichteten) Pfannen gleichzeitig wenig Fett erhitzen. Aus dem Teig kleine Küchlein formen und diese in dem Fett bei schwacher bis mittlerer Hitze von beiden Seiten in 5–8 Minuten goldbraun braten.

Gebratene Tofuwürfel

Eine eiweißreiche Beilage zu Gemüse und Salat

400 g Tofu · 4 Eßl. Sojasauce
2 Eßl. kaltgepreßtes Olivenöl
2 Eßl. Tomatenketchup
2 Eßl. Obstessig · 3 Prisen frisch
gemahlener weißer Pfeffer
Zum Braten: 50 g Butter

Pro Person etwa 965 kJ/235 kcal
7 g Eiweiß · 19 g Fett · 7 g Kohlenhydrate · 0 g Ballaststoffe

Vorbereitungszeit einschließlich Ruhezeit: 40 Minuten
Garzeit: 10 Minuten

Den Tofu gut abtropfen lassen und mit Küchenpapier trockentupfen, dann in mundgerechte Würfel schneiden.
• Die Sojasauce mit dem Öl, dem Ketchup, dem Essig und dem Pfeffer verrühren. Die Tofuwürfel in die Marinade legen und zugedeckt etwa 30 Minuten marinieren, dabei häufig wenden. • Die Butter in einer (beschichteten) Pfanne erhitzen und die Tofuwürfel darin bei mittlerer Hitze in etwa 5 Minuten rundherum braun braten. • Die Tofuwürfel sofort servieren.

Mein Tip: Sie können den Tofu auch statt in Würfel in Scheiben schneiden. Die Scheiben wie oben beschrieben marinieren, dann durch verquirltes Ei und anschließend durch Vollkornbrösel ziehen und in Butter von beiden Seiten bei mittlerer Hitze goldbraun braten.

OLIO
EXTRA
VERGINE
DI OLIVA

Hauptgerichte mit Getreide

Dem Getreide – einer der wichtigsten Zutaten der vegetarischen Küche – habe ich ein eigenes Kapitel gewidmet. Selbstgemachte Teigwaren mit der Nudelmaschine problemlos herzustellen – schmecken am besten mit cremigen Saucen. Doch auch Getreidegerichte aus ganzen Körnern zubereitet, wie Hirsotto mit Gemüse oder Gerstenküchlein sind ein Genuß. Außerdem enthält das Kapitel pikante Kuchen aus Vollkornmehl wie Allgäuer Käsekuchen und Zwiebelkuchen vom Blech, die sich als Hauptgericht aber auch als Vorspeise für mehrere Personen in geselliger Runde eignen.

Selbstgemachte Nudeln aus Vollkorn

Mit einer Nudelmaschine ist die Herstellung ganz einfach

Weizennudeln

im Bild rechts

Zutaten für 5 Personen:
400 g Weizen, fein gemahlen
(oder Weizenmehl Type 1700)
2 gestrichene Eßl. vollfettes
Sojamehl · ½ Teel. Salz · 2 Eier
4 Eßl. kaltgepreßtes Sonnen-
blumenöl · 5 Eßl. lauwarmes
Wasser

Pro Person etwa 1540 kJ/360 kcal
14 g Eiweiß · 14 g Fett · 50 g
Kohlenhydrate · 8 g Ballaststoffe

Zubereitungszeit einschließlich
Ruhezeit: 2 Stunden

Eine Schüssel vorwärmen. • Das Mehl in ein Sieb schütten und die Kleie aussieben. Es sollen 300 g Mehl übrig bleiben. Das Mehl mit dem Sojamehl mischen und auf die Arbeitsfläche geben. Das Salz darüberstreuen. In die Mitte eine Mulde drücken. Die Eier mit 3 Eßlöffeln Öl und dem Wasser verquirlen und in der Mulde mit einer Gabel mit etwas Mehl verrühren. Dann mit den Händen alles verkneten und etwa 5 Minuten lang kräftig bearbeiten. • Den Teig zu einer Kugel formen, mit dem restlichen Öl bestreichen, damit die Teigoberfläche nicht austrocknet und in der Schüssel 1 Stunde zugedeckt ruhen lassen. • Den Teig vierteln. Jedes Stück zu einem länglichen Strang ausrollen. Den Teig durch die weiteste Öffnung der Schneidwalze der Nudelmaschine drehen. Diesen Vorgang 4–5mal wiederholen. • Dann die Walze entweder enger stellen, wenn man Teigplatten für Lasagne herstellen möchte. Oder die Teigplatten durch die gewünschte Schneidewalze drehen, um feine oder breite Nudeln herzustellen. • Die Nudeln entweder gleich zubereiten. Dazu pro 100 g 1 l Wasser zum Kochen bringen. Salz und 1 Eßlöffel Öl dazugeben, damit die Teigwaren nicht zusammenkleben. Die Nudeln im Wasser bißfest garen. • Oder die Nudeln auf einem Geschirrtuch ausbreiten und mindestens 24 Stunden trocknen lassen. Nach dieser Zeit die Nudeln portionsweise, am besten in Cellophantüten, abfüllen. Sie halten sich 2–3 Wochen frisch.

Buchweizennudeln

im Bild links

Zutaten für 5 Personen:
300 g Weizen, fein gemahlen
(oder Weizenmehl Type 1700)
100 g Buchweizen, fein
gemahlen · ½ Teel. Salz · 2 Eier
etwa ⅛ l lauwarmes Wasser

Pro Person etwa 1200 kJ/280 kcal
12 g Eiweiß · 4 g Fett · 50 g
Kohlenhydrate · 8 g Ballaststoffe

Zubereitungszeit einschließlich
Ruhezeit: 2 Stunden

Das ungesiebte Mehl mit dem Buchweizenmehl mischen und auf die Arbeitsfläche schütten. Das Salz darüber streuen und in die Mitte eine Mulde drücken. Die Eier mit dem Wasser verquirlen und in die Mulde gießen. • Den Teig wie nebenstehend beschrieben kneten, ruhen lassen und zu Teigplatten oder Nudeln formen. • Die Nudeln entweder gleich zubereiten oder trocknen lassen und aufbewahren.

Mein Tip: Vollkornnudeln können Sie auch färben. 300 g Mehl werden mit 4 Eßlöffeln püriertem, gut abgetropftem Spinat grün gefärbt (im Bild, 2. von rechts). Rote Nudeln erhält man mit Rote-Bete-Saft (im Bild, 2. von links). Dazu läßt man den Saft bei starker Hitze um gut die Hälfte einkochen. Für 300 g Mehl benötigt man 4 Eßlöffel eingekochten Saft.

Vollkornspaghetti mit Mandeln

Wichtig ist eine gut vorgewärmte Servierschüssel

4 l Wasser · Salz
6 Eßl. kaltgepreßtes Olivenöl
400 g beliebige Vollkornspaghetti · 125 g Mandeln
2 Knoblauchzehen · frisch gemahlener weißer Pfeffer

Pro Person etwa 3000 kJ/710 kcal
21 g Eiweiß · 40 g Fett · 68 g Kohlenhydrate · 11 g Ballaststoffe

Zubereitungszeit: 20 Minuten

Das Wasser mit 1 Teelöffel Salz und 1 Eßlöffel Öl zum Kochen bringen. Die Nudeln darin sprudelnd kochen lassen, bis sie »al dente« sind. • Inzwischen die Mandeln mit kochendem Wasser überbrühen, häuten und abtrocknen, dann in einen Mixer füllen. Die Knoblauchzehen schälen und zu den Mandeln geben. Beides mit dem restlichen Olivenöl fein pürieren und mit Salz und Pfeffer abschmecken. Wenn Sie keinen Mixer besitzen, mahlen Sie die Mandeln in der Nußmühle und drücken Sie die Knoblauchzehen durch die Presse. • Die gegarten Nudeln in ein Sieb abgießen, gut trockenschütteln und in eine vorgewärmte Schüssel geben. Die Nudeln sofort mit der Knoblauchpaste vermischen; dies gelingt am besten mit zwei Gabeln. • Die Spaghetti sofort in vorgewärmten Tellern servieren.

Mein Tip: Als Vorspeise paßt gemischter Salat mit Olivenöldressing.

Vollkornspaghetti mit Roquefortsauce

Für dieses Gericht eignen sich auch Bandnudeln

4 l Wasser · 1 Teel. Salz
1 Eßl. Sonnenblumenöl
400 g Vollkornspaghetti
250 g reifer Roquefort
125 g Sahne · 2 Prisen frisch gemahlener schwarzer Pfeffer
2 Eßl. Sonnenblumenkerne

Pro Person etwa 2900 kJ/690 kcal
29 g Eiweiß · 35 g Fett · 65 g Kohlenhydrate · 8 g Ballaststoffe

Zubereitungszeit: 25 Minuten

Eine große Servierschüssel vorwärmen. • Das Wasser mit dem Salz und dem Öl zum Kochen bringen. Die Teigwaren darin sprudelnd kochen lassen, bis sie »al dente« sind. • Inzwischen für die Sauce den Käse zerbröckeln und mit der Sahne im Mixer oder mit einem Pürierstab pürieren. Oder den Käse mit einer Gabel fein zerdrücken und mit der Sahne verrühren; das geht am besten mit einem Schneebesen. Die Sauce mit dem Pfeffer abschmecken. • Die Sonnenblumenkerne in einer trockenen Pfanne bei mittlerer Hitze goldbraun rösten. • Die gegarten Nudeln in ein Sieb abgießen und trockenschütteln, dann sofort in die vorgewärmte Schüssel geben. • Die Nudeln mit der Käsesauce vermengen und mit den Sonnenblumenkernen bestreut servieren.

Mein Tip: Milder schmeckt die Sauce, wenn Sie sie mit dänischem Danablu zubereiten. Statt der Sonnenblumenkerne können Sie 1–2 Knoblauchzehen verwenden, die Sie durch die Presse in die Sauce drücken.

Überbackene Nudeln mit Spinat

Durch Vollkornnudeln besonders herzhaft

250 g Vollkorn-Bandnudeln
Salz · 1 Eßl. Öl · 2 Zwiebeln
1 Eßl. Butter · 450 g pürierter tiefgefrorener Spinat · frisch gemahlener weißer Pfeffer
1 Prise frisch geriebene Muskatnuß · 1 große Dose geschälte Tomaten (800 g)
2 Eßl. Crème fraîche · 1 Teel. Ahornsirup · 1 Knoblauchzehe
100 g frisch geriebener Parmesan
Für die Form: Butter

Pro Person etwa 1900 kJ/450 kcal
24 g Eiweiß · 17 g Fett · 52 g Kohlenhydrate · 13 g Ballaststoffe

Vorbereitungszeit: 40 Minuten
Backzeit: 25 Minuten

Für die Nudeln reichlich Wasser mit Salz und dem Öl zum Kochen bringen. Die Nudeln darin »al dente« garen. Dann abtropfen lassen. • Die Zwiebeln schälen, fein würfeln und in der Butter glasig dünsten. Den Spinat dazugeben und einige Minuten bei schwacher Hitze zugedeckt dünsten. Mit Salz, Pfeffer und dem Muskat abschmecken. • Die Tomaten abtropfen lassen, fein schneiden und mit der Crème fraîche und dem Ahornsirup verrühren. Die Knoblauchzehe schälen, durch die Presse drücken und mit den Tomaten verrühren. Die Sauce mit Salz und Pfeffer abschmecken, dann erhitzen. • Den Backofen auf 220°, den Heißluftherd auf 200° vorheizen. Eine Auflaufform mit Butter ausstreichen. • Die Hälfte der Nudeln in der Form verteilen. Den Spinat darüber geben. Die restlichen Nudeln darauf verteilen und mit der Tomatensauce bedecken. Den Parmesan darüber streuen. • Die Nudeln auf der mittleren Schiene des Ofens etwa 25 Minuten überbacken, bis die Tomatensauce leicht gebräunt ist.

Vollkornnudeln »pesto«

Dazu schmeckt Tomatensalat

Zutaten für 4 Personen:
4 l Wasser · Salz · 1 Eßl. Öl
400 g Vollkornnudeln · 1 Bund Basilikum · 2 Knoblauchzehen
1 Eßl. Walnußkerne
75 g frisch geriebener Parmesan
150 ccm kaltgepreßtes Olivenöl
2 Prisen frisch gemahlener weißer Pfeffer

Pro Person etwa 3300 kJ/790 kcal
23 g Eiweiß · 48 g Fett · 66 g Kohlenhydrate · 8 g Ballaststoffe

Zubereitungszeit: 25 Minuten

Eine Schüssel und vier Teller vorwärmen. • Das Wasser mit 1 Teelöffel Salz und dem Öl zum Kochen bringen und die Nudeln darin »al dente« garen. • Inzwischen für die Sauce das Basilikum waschen, trockentupfen, von den Stielen befreien und kleinschneiden oder durch die Kräutermühle drehen. Die Knoblauchzehen schälen und fein hacken. Die Walnüsse mahlen. • Das Basilikum, den Knoblauch, den Käse und die Nüsse in eine hohe Rührschüssel geben und verrühren. Nun mit den Quirlen des Handrührgerätes weiter arbeiten. Das Öl in dünnem Strahl zufließen lassen, bis eine Paste entsteht. Das Pesto mit dem Pfeffer und nach Belieben mit Salz abschmecken. • Die Nudeln in ein Sieb gießen und trockenschütteln. Dann sofort mit dem Pesto vermengen und in der vorgewärmten Schüssel servieren.

Mein Tip: Die Nudeln kühlen schnell aus, schmecken aber nur, wenn sie heiß serviert werden. Deshalb alle Arbeiten, wie zum Beispiel Tischdecken, vorher erledigen.

Selbstgemachte Spätzle

Schmecken durch Vollkornmehl besonders herzhaft

Käsespätzle

im Bild links

Zutaten für 6 Personen:
300 g Weizen, fein gemahlen
(oder Weizenmehl Type 1700)
3 Eier · etwa 200 ccm Wasser
Salz · 200 g Emmentaler
2–3 Zwiebeln · 1 Eßl. Öl
2 Eßl. Butter

Pro Person etwa 1600 kJ/380 kcal
19 g Eiweiß · 20 g Fett · 33 g Kohlenhydrate · 7 g Ballaststoffe

Zubereitungszeit: 1¼ Stunden

Das Mehl in eine Schüssel schütten. Die Eier verquirlen und mit dem Wasser und ½ Teelöffel Salz dazugeben. Alles zu einem festen Teig rühren. Die Konsistenz des Teiges darf nicht zu weich sein. Eventuell noch Mehl dazugeben.
• Den Teig zugedeckt 30 Minuten ruhen lassen. • Den Emmentaler reiben. Die Zwiebeln schälen und in Ringe schneiden.
• Einen Topf mit großem Durchmesser mit reichlich Wasser, 1 Eßlöffel Salz und dem Öl zum Kochen bringen. • Den Backofen auf 220°, den Heißluftherd auf 200° vorheizen. Eine Auflaufform mit etwas Butter ausstreichen. • Den Teig portionsweise durch das Spätzlesieb oder den -hobel in das Wasser drücken. Sobald die Spätzle an die Oberfläche steigen, mit einer Schaumkelle aus dem Wasser heben und abtropfen lassen. • Die Spätzle in die Auflaufform geben. Dabei jede Schicht mit etwas Käse bestreuen. Die oberste Schicht sollte aus Käse bestehen. • Die Spätzle auf der mittleren Schiene des Ofens 10 Minuten überbacken. • Inzwischen die Zwiebeln in der restlichen Butter goldbraun braten. Die Spätzle mit den Zwiebeln bestreut servieren.

Krautspätzle

im Bild rechts

Zutaten für 6 Personen:
300 g Weizen, fein gemahlen
(oder Weizenmehl Type 1700)
3 Eier · etwa 200 ccm Wasser
Salz · 300 g Sauerkraut · etwa
60 ccm trockener Weißwein
½ Teel. Kümmel · frisch
gemahlener schwarzer Pfeffer
2–3 Zwiebeln · 1 Eßl. Öl
2 Eßl. Butter

Pro Person etwa 1135 kJ/265 kcal
11 g Eiweiß · 10 g Fett · 34 g Kohlenhydrate · 8 g Ballaststoffe

Zubereitungszeit: 1¼ Stunden

Aus dem Mehl, den Eiern, dem Wasser und ½ Teelöffel Salz wie nebenstehend beschrieben einen Spätzleteig herstellen und ruhen lassen.
• Inzwischen das Sauerkraut mit dem Wein und dem Kümmel bei schwacher Hitze zugedeckt etwa 15 Minuten garen. Mit Pfeffer abschmecken. • Die Zwiebeln schälen und in feine Ringe schneiden. • In einem großen Topf reichlich Wasser mit 1 Eßlöffel Salz und dem Öl zum Kochen bringen. Den Backofen auf 210°, den Heißluftherd auf 190° vorheizen. Eine Auflaufform mit etwas Butter ausstreichen. • Den Teig portionsweise in das kochende Wasser hobeln. Die Spätzle, sobald sie an die Oberfläche steigen, mit einer Schaumkelle aus dem Wasser heben, abtropfen lassen und in die Form geben. Dabei jede Schicht mit Sauerkraut bedecken. Die oberste Schicht sollte aus Spätzle bestehen. • Die Spätzle im Ofen auf der mittleren Schiene etwa 10 Minuten überbacken. • Die Zwiebeln in der restlichen Butter goldbraun braten. • Die Spätzle mit den Zwiebeln bestreut servieren.

Spinatspätzle mit Weinsauce

Als Vorspeise schmeckt Tomatensalat mit Zwiebelringen

Zutaten für 6 Personen:
400 g Spinat · 300 g Weizen, fein gemahlen (oder Weizenmehl Type 1700) · 3 Eier · Salz
etwa 100 ccm Milch · 2 Zwiebeln
1 Eßl. Butter · 1/8 l trockener Weißwein · 150 g Crème fraîche · 1 Knoblauchzehe
frisch gemahlener weißer Pfeffer · 1 Eßl. Öl
70 g frisch geriebener Parmesan

Pro Person etwa 1700 kJ/ 400 kcal · 16 g Eiweiß · 22 g Fett 35 g Kohlenhydrate · 8 g Ballaststoffe

Zubereitungszeit: 1¼ Stunden

Den Spinat waschen, verlesen und von den groben Stielen befreien. In einem großen Topf zugedeckt bei mittlerer Hitze zusammenfallen lassen. • Den Spinat in einem Sieb abtropfen lassen und mit einem Kochlöffel ausdrücken, dann fein hacken. • Aus dem Spinat, dem Mehl, den Eiern, ¼ Teelöffel Salz und der Milch einen zähflüssigen Teig rühren, 30 Minuten bei Zimmertemperatur ruhen lassen. • Inzwischen die Zwiebeln schälen und fein hacken. Die Butter erhitzen und die Zwiebeln darin bei mittlerer Hitze goldbraun rösten. Den Wein mit der Crème fraîche verrühren und dazugeben. Den Bratsatz damit lösen. Die Knoblauchzehe schälen und durch die Presse in die Sauce drücken. Alles mit Salz und Pfeffer pikant abschmecken. • In einem großen Topf reichlich Wasser mit 1 gehäuften Teelöffel Salz und mit Öl zum Kochen bringen. • Den Spätzleteig portionsweise mit dem Spätzlehobel oder dem Spätzlesieb in das kochende Wasser drücken. • Sobald die Spätzle an die Oberfläche steigen, diese mit einem Schaumlöffel herausnehmen, in einem Sieb trockenschwenken und warm stellen, bis der restliche Teig verarbeitet ist. • Die Spätzle mit der heißen Sauce mischen und in eine vorgewärmte Schüssel geben. Mit dem Käse bestreut sofort servieren.

Pilzrisotto mit Petersilie

Eine Spezialität aus der italienischen Küche

25 g getrocknete Steinpilze
2 Zwiebeln · 1 Eßl. kaltgepreßtes Olivenöl · 1 Eßl. Butter
350 g Rundkorn-Naturreis
700 ccm heißes Wasser · Salz
250 g Champignons · frisch gemahlener weißer Pfeffer
1 Bund Petersilie · 100 g Sahne
75 g frisch geriebener Parmesan

Pro Person etwa 2300 kJ/550 kcal
18 g Eiweiß · 21 g Fett · 72 g Kohlenhydrate · 7 g Ballaststoffe

Zubereitungszeit: 1 Stunde

Die Steinpilze in heißem Wasser 15 Minuten quellen lassen. • Die Zwiebeln schälen und fein schneiden. • Das Öl und die Hälfte der Butter in einem Topf erhitzen und die Zwiebeln darin glasig dünsten. Den Reis dazugeben, mit dem Wasser aufgießen und mit Salz würzen. • Den Reis zum Kochen bringen und zugedeckt bei schwächster Hitze in etwa 40 Minuten ausquellen lassen. • Eine Schüssel vorwärmen. • Die Champignons waschen, putzen, vom Stielende befreien und in Scheiben schneiden. Die Steinpilze abtropfen lassen und ebenfalls in Scheiben schneiden. • 10 Minuten vor Ende der Garzeit des Reises die restliche Butter erhitzen. Beide Pilzsorten darin bei mittlerer Hitze in etwa 5 Minuten weich dünsten, dabei die Flüssigkeit einkochen lassen. Die Pilze mit Salz und Pfeffer abschmecken. • Die Petersilie waschen, von den groben Stielen befreien und kleinschneiden. Die Sahne halbsteif schlagen. • Den Reis rasch mit den Pilzen, der Petersilie und dem Käse vermengen und die Sahne vorsichtig unterziehen. Den Risotto in der vorgewärmten Schüssel sofort servieren.

Gebratene Polenta mit Käse

Ein beliebtes Gericht aus Südtirol

½ l Wasser · 2 Prisen Salz
150 g Maisgrieß (Polenta)
75 g frisch geriebener Parmesan
Zum Braten: Butter

Pro Person etwa 980 kJ/230 kcal
10 g Eiweiß · 9 g Fett · 28 g Kohlenhydrate · 2 g Ballaststoffe

Vorbereitungszeit: 15 Minuten
Ruhezeit: 20 Minuten
Fertigstellung: 10 Minuten

Das Wasser mit dem Salz zum Kochen bringen. Den Maisgrieß unter ständigem Rühren einstreuen und aufkochen lassen. • Den Käse unterrühren, den Topf von der Kochstelle ziehen und den Teig etwa 5 Minuten quellen lassen. • Eine kleine Kastenform kalt ausspülen, den Teig hineinfüllen und etwa 20 Minuten kühl stellen. • Die Polenta aus der Form stürzen und in Scheiben schneiden. • Die Polentascheiben in einer (beschichteten) Pfanne bei mittlerer Hitze in wenig Butter von beiden Seiten in etwa 5 Minuten goldbraun braten. • Dazu schmeckt Blattsalat, Tomatensauce (Rezept Seite 35) oder Spinat.

Mein Tip: Sie können die Polenta auch im Ofen überbacken. Dazu den gequollenen Teig etwa ½ cm dick auf ein kalt abgespültes Brett streichen. Nach dem Auskühlen mit einem Glas runde Plätzchen ausstechen und diese dachziegelartig in eine mit Butter ausgestrichene feuerfeste Form geben. Die Polenta bei 220° (Heißluftherd 200°) auf der mittleren Schiene überbacken, bis die Oberfläche gebräunt ist.

Hirsotto mit Gemüse

Man kann die Hirse auch ohne Rösten zubereiten

200 g Hirse
etwa 150 ccm trockener Weißwein, ersatzweise Wasser
etwa 1 Teel. vegetarische Brühe
3 Zwiebeln · 3 Eßl. kaltgepreßtes Olivenöl · 2 Möhren
2 Zucchini · 2 Fleischtomaten
2–3 Eßl. Butter · Salz · frisch gemahlener weißer Pfeffer
60 g frisch geriebener Parmesan

Pro Person etwa 1800 kJ/430 kcal
14 g Eiweiß · 21 g Fett · 42 g Kohlenhydrate · 8 g Ballaststoffe

Backzeit: 1 Stunde
Zubereitungszeit: 40 Minuten

Die Hirse auf ein Backblech schütten und 1 Stunde bei 80° im Backofen, 70° im Heißluftherd, rösten. Dabei das Blech ab und zu rütteln. • Die Hirse in einer Tasse abmessen. Die doppelte Menge Wein oder Wasser gemischt mit der Brühe abschmecken und erhitzen. • 2 Zwiebeln schälen und fein hacken. 2 Eßlöffel Öl erhitzen und die Zwiebeln darin goldgelb rösten. Die Hirse dazuschütten, mit der Flüssigkeit aufgießen, einmal aufkochen lassen und zugedeckt bei schwächster Hitze 20 Minuten garen. • Die restliche Zwiebel schälen und fein hacken. Die Möhren waschen, schälen und klein würfeln. Die Zucchini waschen, putzen und in Scheiben schneiden. Die Tomaten über Kreuz einritzen, mit kochendem Wasser überbrühen, häuten und von den Stielansätzen befreien, dann würfeln. • Das restliche Öl mit 1 Eßlöffel Butter erhitzen. Die Zwiebel darin glasig dünsten. Die Möhren dazugeben und zugedeckt bei mittlerer Hitze 5 Minuten dünsten. Die Zucchini dazugeben und weitere 5 Minuten garen. Die Tomaten untermischen und erhitzen. Mit Salz und Pfeffer abschmecken. • Die Hirse mit dem Parmesan und der restlichen Butter vermengen und in eine vorgewärmte Schüssel füllen. In die Mitte eine Mulde drücken, das Gemüse hineinfüllen und das Hirsotto sofort servieren.

Buchweizenring mit Gemüsestreifen

Dazu paßt Blattsalat mit Zwiebel-Vinaigrette

250 g Buchweizen · Salz
2 Prisen gemahlene Muskatblüte (Macis) · 1 Zwiebel
1 Stange Lauch · 3 Möhren
1 Kohlrabi · 1 Eßl. Butter
¼ Teel. getrocknetes Basilikum
frisch gemahlener weißer Pfeffer · etwa 1 Teel. vegetarische Brühe · ½ Bund Petersilie · 1 Ei
Für die Form und zum Bestreichen: 1 Eßl. Butter

Pro Person etwa 1400 kJ/330 kcal
11 g Eiweiß · 8 g Fett · 54 g Kohlenhydrate · 7 g Ballaststoffe

Vorbereitungszeit: 1 Stunde
Backzeit: 35 Minuten

Den Buchweizen zuerst wiegen, dann in einer Tasse abmessen. Mit der Tasse die doppelte Menge Wasser abmessen, salzen, mit der Muskatblüte abschmecken und zum Kochen bringen. • Den Buchweizen einstreuen, aufkochen lassen und zugedeckt bei schwächster Hitze in 35 Minuten weich kochen. Dabei nicht umrühren. • Die Zwiebel schälen und fein hacken. Den Lauch vom Wurzelende befreien, der Länge nach halbieren und waschen. Die weißen und hellgrünen Teile in feine Streifen schneiden. Die Möhren waschen, schälen und zuerst in Streifen, dann in Würfel schneiden. Den Kohlrabi schälen und ebenfalls fein würfeln. • Die Butter in einem Topf erhitzen. Die Zwiebelwürfel darin glasig dünsten. Dann alle Gemüse dazugeben, mit dem Basilikum würzen, mit wenig Wasser aufgießen und zugedeckt bei schwacher Hitze in etwa 15 Minuten weich dünsten. Mit Salz und Pfeffer abschmecken.
• Eine Tasse heißes Wasser mit der Brühe pikant abschmecken.
• Den Backofen auf 220°, den Heißluftherd auf 200° vorheizen. • Die Petersilie waschen, mit Küchenpapier trockentupfen, die groben Stiele entfernen und die Blätter kleinschneiden.
• Das Ei verquirlen. Die Gemüse, wenn nötig, abgießen.
• Den Buchweizen mit den Gemüsen, dem Ei und der Petersilie vermengen und den Teig pikant mit Salz und Pfeffer abschmecken. • Eine Kranzform gründlich mit Butter ausstreichen. Den Teig hineinfüllen. Die restliche Butter bei schwacher Hitze schmelzen lassen und die Oberfläche des Buchweizenringes damit bestreichen. • Den Buchweizenring im Ofen auf der mittleren Schiene etwa 35 Minuten backen, dabei die Oberfläche ab und zu mit der vegetarischen Brühe begießen. • Den Buchweizenring auf eine vorgewärmte Platte stürzen. • Dazu paßt Tomatensauce (Rezept Seite 35).

Mein Tip: Wenn Sie den Buchweizen über Nacht in der angegebenen Menge Wasser einweichen, verkürzt sich die Garzeit für das Getreide auf 20 Minuten. Dadurch sparen Sie Zeit, Energie und schonen die Nährstoffe.
Für das Gericht eignen sich viele Gemüsesorten. Richten Sie sich bei der Auswahl am besten nach dem Angebot der Saison. Im Winter verwenden Sie Gemüse aus der Tiefkühltruhe wie zum Beispiel Erbsen. Gehaltvoller wird der Buchweizenring, wenn Sie geriebenen Käse, zum Beispiel Parmesan, unter den Teig rühren.

Grünkernauflauf mit Gemüse

Schmeckt auch mit Schwarzwurzeln, Rosenkohl oder Erbsen

Zutaten für 4–6 Personen:
250 g Grünkern · Salz · 250 g Möhren · 250 g Blumenkohl
1 Kohlrabi · 4 Eßl. kaltgepreßtes Olivenöl · 3 Eßl. Wasser · 1 Prise frisch geriebene Muskatnuß
2 Zwiebeln · 1 Knoblauchzehe
1 große Dose geschälte Tomaten (800 g)
2 Prisen getrockneter, gemahlener Rosmarin
1 Eßl. Ahornsirup
2 Eßl. Obstessig
175 g Emmentaler
Für die Form: Butter

Bei 6 Portionen etwa 1600 kJ/ 380 kcal · 17 g Eiweiß · 18 g Fett 39 g Kohlenhydrate · 10 g Ballaststoffe

Quellzeit: über Nacht
Vorbereitungszeit: 1 Stunde
Backzeit: 35 Minuten

Den Grünkern erst wiegen, dann in einer Tasse abmessen. Mit der Tasse die doppelte Menge Wasser abmessen und den Grünkern darin über Nacht einweichen. • Am nächsten Tag mit dem Einweichwasser und ¼ Teelöffel Salz zugedeckt bei mittlerer Hitze in etwa 30 Minuten weich kochen. Bei Bedarf noch etwas Wasser angießen.
• Inzwischen die Möhren waschen, schälen und erst in Streifen, dann in Würfel schneiden. Den Blumenkohl in Salzwasser legen, um eventuell vorhandenes Ungeziefer zu entfernen, dann mit klarem Wasser nachspülen. Den Strunk entfernen. Die Röschen in kleine Stücke teilen. Den Kohlrabi schälen und zuerst in Scheiben, dann in Streifen, zuletzt in Würfel schneiden. • 2 Eßlöffel Öl und das Wasser in einem Topf erhitzen. Die Gemüse dazugeben und bei schwacher Hitze zugedeckt 12–15 Minuten garen. Sie sollten nicht zu weich sein, sondern noch Biß haben.
• Die Gemüse mit Salz und dem Muskat abschmecken. • Die Zwiebeln und die Knoblauchzehe schälen, fein hacken und im restlichen Olivenöl glasig dünsten. • Die Tomaten abgießen, abtropfen lassen, kleinschneiden und zu den Zwiebeln geben. Die Tomaten in etwa 10 Minuten bei mittlerer Hitze dicklich einköcheln lassen. Dann mit Salz, dem Rosmarin, dem Ahornsirup und dem Obstessig pikant abschmecken.
• Den Backofen auf 210°, den Heißluftherd auf 190° vorheizen. • Den Käse in kleine Würfel schneiden. • Eine Auflaufform mit Butter ausstreichen. • Die Gemüse einfüllen. Die Tomatensauce darauf verteilen. Den Grünkern gegebenenfalls abgießen, dann mit dem Käse vermengen und in die Auflaufform über die Tomatensauce füllen.
• Den Auflauf auf der mittleren Schiene des Ofens etwa 35 Minuten backen, bis die Oberfläche goldbraun ist.

Mein Tip: Der Auflauf läßt sich auch mit anderen Getreidesorten zubereiten. Versuchen Sie ihn einmal mit Gerste. Die Garzeit des eingeweichten Getreides beträgt etwa 35 Minuten. Auch mit Hirse, die nicht eingeweicht zu werden braucht und nur eine Garzeit von 20 Minuten hat, schmeckt der Auflauf ausgezeichnet. Oder Sie verwenden Buchweizen, der eingeweicht eine Garzeit von 20 Minuten hat.

Knusprige Getreideküchlein

Herzhafte Beilagen zu Salat und Gemüse

Gerstenküchlein mit Zwiebeln

im Bild links

200 g Nacktgerste · 2 Zwiebeln
½ Bund Petersilie
eventuell 75 g Emmentaler
1–2 Eier · Salz · frisch gemahlener weißer Pfeffer
Zum Braten: Butterschmalz

Pro Person etwa 1400 kJ/330 kcal
14 g Eiweiß · 15 g Fett · 32 g Kohlenhydrate · 6 g Ballaststoffe

Zubereitungszeit: 1¼ Stunden

Die Gerste erst abwiegen, dann in eine Tasse füllen. Mit der Tasse knapp die doppelte Menge Wasser abmessen und zum Kochen bringen. Die Gerste hineinstreuen und zugedeckt bei schwacher Hitze in 30 Minuten halbweich kochen. Dann gegebenenfalls abgießen und etwas abkühlen lassen.
• Die Zwiebeln schälen und grob zerkleinern. Die Petersilie waschen, trockentupfen und die groben Stiele entfernen. Eventuell den Käse reiben.
• Etwa zwei Drittel der Gerstenkörner mit den Zwiebeln und der Petersilie durch den Fleischwolf drehen. Den Getreidebrei mit den restlichen ganzen Körnern und den Eiern verrühren. Nach Belieben den Käse unterrühren. Den Teig mit Salz und Pfeffer pikant abschmecken.
• In einer oder zwei (beschichteten) Pfannen gleichzeitig wenig Butterschmalz erhitzen. Aus dem Getreidebrei Küchlein formen und bei mittlerer Hitze in 10–12 Minuten von beiden Seiten goldbraun braten.

Grünkernküchlein mit Lauch und Möhren

im Bild rechts

1 Zwiebel · 1 Stange Lauch
2 Möhren · 1 Eßl. Butter
½ l heißes Wasser
etwa 2 Teel. vegetarische Brühe
275 g Grünkern, grob geschrotet · ½ Bund Petersilie
1–2 Eier · Salz · frisch gemahlener weißer Pfeffer
Zum Braten: Butterschmalz

Pro Person etwa 1700 kJ/400 kcal
11 g Eiweiß · 13 g Fett · 57 g Kohlenhydrate · 3 g Ballaststoffe

Zubereitungszeit: 50 Minuten

Die Zwiebel schälen und hacken. Den Lauch vom Wurzelende befreien und nur die weißen und hellgrünen Teile verwenden. Die Stange der Länge nach halbieren, waschen und in Streifen schneiden. Die Möhren waschen, schälen und sehr fein würfeln. • Die Butter in einem Topf schmelzen. Die Zwiebel darin glasig dünsten. Den Lauch und die Möhren dazugeben und mit wenig Wasser bei schwächster Hitze zugedeckt 5 Minuten dünsten.
• Dann das restliche Wasser dazugießen und mit der Brühe pikant abschmecken. Sobald das Wasser kocht, den Schrot untermischen. So lange rühren, bis der Brei einmal aufkocht. Dann von der Kochstelle ziehen und etwas abkühlen lassen.
• Die Petersilie waschen, abtrocknen, von den Stielen befreien und fein schneiden.
• Die Petersilie und die Eier unter den Schrotbrei rühren und alles mit Salz und Pfeffer abschmecken. • In einer (beschichteten) Pfanne Butterschmalz erhitzen. Aus dem Getreideteig etwa 20 Bratlinge formen und bei mittlerer Hitze von beiden Seiten in 10–12 Minuten goldbraun braten.
• Dazu paßt Gemüse.

Käsesoufflé

Wunderbar leicht und schnell zubereitet

150 g mittelalter Gouda
4 Eier · 4 Eßl. Milch
4 Eßl. kaltgepreßtes Sonnenblumenöl · etwa 40 g Dinkel, fein gemahlen · 1 gestrichener Teel. edelsüßes Paprikapulver
Salz
Für die Förmchen: Butter

Pro Person etwa 1400 kJ/330 kcal
17 g Eiweiß · 29 g Fett · 5 g Kohlenhydrate · 1 g Ballaststoffe

Vorbereitungszeit: 15 Minuten
Backzeit: 20 Minuten

Den Backofen auf 220°, den Heißluftherd auf 200° vorheizen. 4 Souffléförmchen oder feuerfeste Suppentassen nur am Boden mit Butter bestreichen. • Den Käse reiben. Die Eier trennen. Die Eiweiße steif schlagen. Die Eigelbe mit der Milch und dem Öl verquirlen. Das Dinkelmehl und den Käse unterrühren. Die Masse mit dem Paprikapulver und bei Bedarf mit Salz abschmecken. Den Eischnee vorsichtig unterziehen. • Den Teig in die Förmchen oder Tassen füllen und auf der mittleren Schiene des Backofens etwa 20 Minuten backen, bis die Oberfläche hellbraun ist. Dabei während der ersten 10 Minuten die Backofentüre nicht öffnen, sonst fallen die Soufflés zusammen. • Dazu paßt Blattsalat mit Walnußöl-Vinaigrette.

Mein Tip: Dieses Gericht eignet sich wegen der kurzen Zubereitungszeit für die Bewirtung unangemeldeter Gäste. Während der Backzeit bereiten Sie den Salat zu.

Quarkküchlein mit Grieß

Eiweißreich und kalorienarm

3 Eier · 300 g Magerquark
60 g Vollweizengrieß
2 Zwiebeln · ½ Bund Petersilie
Salz · frisch gemahlener weißer Pfeffer · frisch geriebene Muskatnuß
Zum Braten: Butterschmalz

Pro Person etwa 990 kJ/240 kcal
17 g Eiweiß · 11 g Fett · 16 g Kohlenhydrate · 2 g Ballaststoffe

Zubereitungszeit: 45 Minuten

Die Eier verquirlen und mit dem Quark verrühren. Den Grieß untermischen und den Teig 30 Minuten bei Zimmertemperatur zugedeckt ruhen lassen. • Die Zwiebeln schälen und mit einer Gemüsereibe fein reiben. Die Petersilie waschen, trockentupfen, von den groben Stielen befreien und fein hakken oder in der Kräutermühle zerkleinern. • Die Zwiebeln und die Petersilie unter den Teig rühren und alles mit Salz, Pfeffer und Muskat pikant abschmecken. • Wenig Butterschmalz in einer (beschichteten) Pfanne erhitzen. Mit einer kleinen Schöpfkelle etwas Teig in die Pfanne geben. Die Küchlein bei mittlerer Hitze 3–4 Minuten braten, bis sich die Ränder braun färben. Dann wenden und in weiteren 3–4 Minuten fertig backen. • Quarkküchlein ergeben mit Gemüse oder Salat eine vollwertige Mahlzeit. Ohne Zwiebeln, Petersilie und Gewürze schmecken sie auch zu Kompott.

Hirsepfannkuchen mit Spinat-Käsefüllung

Die Füllung schmeckt auch mit Mangold

200 g Hirse, fein gemahlen
300 ccm Milch · 3 Eier · Salz
500 g gehackter tiefgefrorener Spinat · 1 Zwiebel · 1 Knoblauchzehe · 1 Teel. Butter
frisch geriebene Muskatnuß
200 g Schafkäse oder 200 g Roquefort und 2–3 Eßl. Sahne
Zum Braten: Butterschmalz
Für die Form und zum Belegen: Butter

Pro Person etwa 2400 kJ/570 kcal
24 g Eiweiß · 34 g Fett · 42 g Kohlenhydrate · 6 g Ballaststoffe

Vorbereitungszeit: 1 Stunde
Backzeit: 25 Minuten

Die Hirse mit der Milch verrühren und 30 Minuten quellen lassen. Dann die Eier und ½ Teelöffel Salz unterrühren. • In einer (beschichteten) Pfanne wenig Butterschmalz erhitzen. Aus dem Teig bei mittlerer Hitze in jeweils 4–5 Minuten dünne Pfannkuchen backen und warm halten. • Den Spinat antauen lassen. Die Zwiebel und den Knoblauch fein hacken und in der Butter glasig dünsten. Den Spinat dazugeben und bei schwacher Hitze zugedeckt 5–10 Minuten dünsten. Mit Salz und Muskat abschmecken. • Den Backofen auf 220°, den Heißluftherd auf 200° vorheizen. Eine Auflaufform mit Butter ausstreichen. • Den Schatkäse würfeln und unter den Spinat mengen. Die Pfannkuchen damit bestreichen, aufrollen, nebeneinander in die vorbereitete Form legen und mit Butterflöckchen belegen. Oder die Pfannkuchen mit dem Spinat bestreichen, aufrollen und in die Form legen. Den Roquefort zerbröckeln, mit der Sahne glattrühren, erhitzen und über die Pfannkuchen gießen. • Die Pfannkuchen auf der mittleren Schiene in 25 Minuten goldbraun überbacken.

Pfannkuchen mit Buchweizen

Das Grundrezept läßt sich beliebig füllen

250 g Weizen, fein gemahlen (oder Weizenmehl Type 1700)
50 g Buchweizen, fein gemahlen · 3–4 Eier · 2 Prisen Salz · ½ l kohlensäurehaltiges Mineralwasser
Zum Braten: Butterschmalz

Pro Person etwa 1600 kJ/380 kcal
14 g Eiweiß · 14 g Fett · 47 g Kohlenhydrate · 8 g Ballaststoffe

Vorbereitungszeit: 10 Minuten
Quellzeit: 30 Minuten
Fertigstellung: 30 Minuten

Die beiden Mehlsorten in einer Rührschüssel mischen. Die Eier verquirlen und mit dem Salz und dem Mineralwasser zum Mehl geben. Alles zu einem glatten Teig verrühren. Den Teig zugedeckt bei Zimmertemperatur 30 Minuten ruhen lassen. • Dann in einer oder zwei (beschichteten) Pfannen wenig Butterschmalz erhitzen. Den Teig noch einmal durchrühren, dann mit einer Schöpfkelle jeweils etwas Teig an den Pfannenrand gießen, in der Pfanne verlaufen lassen und 2–3 Minuten bei mittlerer Hitze braten, bis sich die Ränder dunkel färben. Den Pfannkuchen dann vorsichtig wenden und in etwa 2 Minuten fertig backen. Die Pfannkuchen jeweils warm halten, bis alle gebacken sind.

Mein Tip: Die Pfannkuchen schmecken sehr gut mit einer pikanten Gemüsefüllung. Besonders geeignet sind Spinat, Spargel oder Schwarzwurzeln sowie gedünstete Champignons oder Egerlinge mit Petersilie.

Pizza mit Tomaten, Zwiebeln und Oliven

Schmeckt durch Vollkornmehl besonders herzhaft

Für den Teig:
175 ccm Milch · 30 g frische Hefe · 300 g Weizen, fein gemahlen (oder Weizenmehl Type 1700) · ¼ Teel. Salz
2 Eßl. kaltgepreßtes Olivenöl
Für den Belag:
3 Zwiebeln · 3 Knoblauchzehen
100 ccm kaltgepreßtes Olivenöl
750 g vollreife Tomaten
100 g schwarze Oliven
½ Bund frisches oder 1 Teel. getrocknetes Basilikum
Salz · frisch gemahlener schwarzer Pfeffer
Für das Blech: Backtrennpapier

Bei 20 Stücken etwa 560 kJ/ 135 kcal · 3 g Eiweiß · 8 g Fett 12 g Kohlenhydrate · 3 g Ballaststoffe pro Stück

Vorbereitungszeit: 1½Stunden
Backzeit: 25 Minuten

Die Milch lauwarm erwärmen. Die Hefe zerbröckeln und in einer Tasse mit etwas Milch verrühren. • Das Mehl in eine Schüssel geben und in die Mitte eine Mulde drücken. Den Vorteig hineingießen und mit wenig Mehl bestäuben. Zugedeckt an einem warmen, zugfreien Ort etwa 15 Minuten gehen lassen, bis sich im Vorteig Bläschen bilden. • Dann das Salz, das Öl und die restliche Milch dazugeben und alles zu einem glatten Teig verkneten. Er sollte so feucht wie möglich, aber noch formbar sein. Bei Bedarf noch etwas Milch oder Mehl dazugeben. Den Teig einige Minuten kräftig durchkneten, dann zugedeckt an einem warmen Ort gehen lassen, bis sich sein Volumen verdoppelt hat. Das dauert 30–40 Minuten. • Inzwischen die Zwiebeln und die Knoblauchzehen schälen. Die Zwiebeln fein hacken und in 2 Eßlöffeln Olivenöl glasig dünsten. Die Knoblauchzehen durch die Presse zu den Zwiebeln drükken, unterrühren und abkühlen lassen. • Die Tomaten waschen, abtrocknen, von den Stielansätzen befreien und in Scheiben schneiden. Die Oliven nach Wunsch vom Stein befreien. Das frische Basilikum waschen, trockentupfen und die groben Stiele entfernen. • Den Backofen auf 220°, den Heißluftherd auf 200° vorheizen. • Den Teig nochmals durchkneten. Dann zwischen zwei Plastikfolien, zum Beispiel aufgeschnittenen Gefrierbeuteln, ohne Mehl und in der Größe des Backblechs ausrollen. Das Backblech mit Backtrennpapier auskleiden. Den Teig auf das Papier legen. • Zuerst die Zwiebelmischung auf dem Teig verteilen und mit Salz und Pfeffer bestreuen. Die Tomatenscheiben darauf verteilen und ebenfalls salzen und pfeffern. Jede Tomatenscheibe mit 1 Basilikumblättchen belegen oder mit dem getrockneten Basilikum bestreuen. Die Oliven darüber verteilen und mit dem restlichen Olivenöl beträufeln. • Die Pizza auf der mittleren Schiene des Ofens etwa 25 Minuten backen, bis der Teig knusprig ist. • Die Pizza in etwa 20 Stücke schneiden und sofort servieren.

<u>Mein Tip:</u> Die Pizza läßt sich gut tiefgefrieren, dann bei 150° aufbacken.

Allgäuer Käsekuchen

Paßt zu Bier und Wein oder mit Salat als Hauptmahlzeit

Zutaten für 8 Personen:
Für den Teig:
250 g Weizen, fein gemahlen (oder Weizenmehl Type 1700)
½ Teel. Weinstein-Backpulver
1 Prise Salz · 1 Ei
50 ccm Wasser
100 g kalte Butter
Für den Belag:
200 g Allgäuer Emmentaler
150 g Sahne · 3 Eier
1 Prise frisch gemahlener weißer Pfeffer · ½ Teel. edelsüßes Paprikapulver · Salz
Für die Form: Butter und Mehl

Pro Person etwa 1625 kJ/390 kcal
15 g Eiweiß · 28 g Fett · 20 g Kohlenhydrate · 4 g Ballaststoffe

Vorbereitungszeit: 1 Stunde
Backzeit: 30 Minuten

Das Mehl mit dem Backpulver und dem Salz mischen und auf die Arbeitsfläche schütten. In die Mitte eine Mulde drücken. Das Ei mit dem Wasser verquirlen und in die Mulde gießen. Die Butter in kleine Stücke schneiden und auf dem Mehl verteilen. Alle diese Zutaten mit den Händen rasch zu einem glatten Teig verkneten und diesen etwa 30 Minuten zugedeckt in den Kühlschrank stellen. • Inzwischen für den Belag den Käse fein reiben. Die Sahne mit den Eiern verquirlen und den Käse unterrühren. Die Käsemasse mit dem Pfeffer, dem Paprikapulver und eventuell mit Salz würzen. Bevor Sie Salz dazugeben, sollten Sie die Käsemasse unbedingt probieren. • Den Backofen auf 210°, den Heißluftherd auf 190° vorheizen. Eine Springform von 24 oder 26 cm ∅ gründlich mit Butter ausstreichen und mit Mehl bestäuben. • Zwei Drittel des Teiges zwischen zwei Plastikfolien, zum Beispiel aufgeschnittenen Gefrierbeuteln, ohne Zugabe von Mehl in der Größe des Springformbodens ausrollen. Den Boden der Form damit belegen. Aus dem restlichen Teig eine Rolle formen und als Rand in die Form drükken. • Den Teigboden mit einer Gabel mehrmals einstechen und auf der mittleren Schiene des Ofens 10 Minuten vorbakken. • Dann den Käsebelag auf den Teigboden streichen und den Käsekuchen in etwa 20 Minuten fertig backen, bis die Oberfläche goldgelb gebräunt ist. • Den Käsekuchen ofenwarm servieren.

Mein Tip: Wenn man die Butter für 5–10 Minuten in die Gefriertruhe gibt, kann man sie anschließend ganz leicht mit einem Gemüsehobel in kleine Stücke hobeln.
Der Allgäuer Käsekuchen läßt sich für Einladungen sehr gut vorbereiten. Dazu den Teig wie im Rezept beschrieben herstellen, in die Form geben und 10 Minuten vorbacken. Den Belag zubereiten und im Kühlschrank aufbewahren. Wenn die Gäste eintreffen, brauchen Sie den Kuchen nur noch in den vorgeheizten Backofen zu schieben und 20 Minuten zu backen.
Zum Tiefgefrieren ist der Käsekuchen nicht geeignet; der Belag ist nach dem Auftauen nicht mehr locker genug. Außer Allgäuer Emmentaler können Sie für den Belag auch mittelalten Gouda oder Appenzeller verwenden.

Lauchkuchen vom Blech

Läßt sich gut portionsweise einfrieren

Zutaten für 20 Stück:
Für den Teig:
etwa 175 ccm Milch
300 g Dinkel, fein gemahlen
(oder Weizenmehl Type 1700)
30 g frische Hefe · 1 Ei · 2 Eßl.
kaltgepreßtes Öl · 2 Prisen Salz
Für den Belag:
2 kg Lauch · 3 Eßl. Butter
4 Eier · 450 g Crème fraîche
250 g Emmentaler · Salz · frisch
gemahlener weißer Pfeffer
4 Prisen frisch geriebene
Muskatnuß

Pro Stück etwa 1100 kJ/260 kcal
10 g Eiweiß · 18 g Fett · 14 g
Kohlenhydrate · 2 g Ballaststoffe

Vorbereitungszeit: 1¼ Stunden.
Backzeit: 35 Minuten

Die Milch erwärmen. Das Mehl in eine Schüssel geben, in die Mitte eine Mulde drücken. Die Hefe zerbröckeln, mit wenig Milch verrühren und in der Mulde zugedeckt etwa 15 Minuten gehen lassen. • Dann die restlichen Zutaten für den Teig dazugeben, alles zu einem geschmeidigen Teig verkneten und etwa 40 Minuten zugedeckt gehen lassen, bis er sein Volumen verdoppelt hat. • Inzwischen den Lauch putzen, der Länge nach halbieren, waschen und die weißen und hellgrünen Teile in Streifen schneiden. • Die Butter erhitzen und den Lauch darin unter Rühren bei schwacher Hitze 8–10 Minuten dünsten. Dann abkühlen lassen. • Die Eier verquirlen und mit der Crème fraîche unter den Lauch mischen. Den Käse fein reiben und unterrühren. Alles mit Salz, Pfeffer und dem Muskat pikant abschmekken. • Ein Backblech mit Backtrennpapier auslegen. Den Hefeteig noch einmal durchkneten und in der Größe des Backblechs zwischen zwei Folien ausrollen. Auf das Backblech legen. • Den Lauchbelag auf dem Teig verstreichen. Den Kuchen in den kalten Backofen auf die mittlere Schiene schieben und bei 210°, Heißluft 190° etwa 35 Minuten backen, bis der Belag schön gebräunt ist.

Zwiebelkuchen mit Kümmel

Läßt sich auch in Kuchenformen backen

Zutaten für 20 Stücke:
Für den Teig:
etwa 175 ccm Milch
300 g Dinkel, fein gemahlen (oder Weizenmehl Type 1700)
30 g frische Hefe · 1 Ei
2 Eßl. Walnuß- oder kaltgepreßtes Sonnenblumenöl
2 Prisen Salz
Für den Belag:
750 g Zwiebeln · 2 Eßl. Butter
1 rote Paprikaschote · 3 Eier
100 g Crème fraîche
1 gehäufter Teel. Kümmel
½ Bund Petersilie · Salz
frisch gemahlener weißer Pfeffer
Für das Blech: Backtrennpapier

Pro Stück etwa 500 kJ/120 kcal
4 g Eiweiß · 6 g Fett · 13 g Kohlenhydrate · 3 g Ballaststoffe

Vorbereitungszeit: 1¼ Stunden
Backzeit: 35 Minuten

Die Milch lauwarm erwärmen. Das Mehl in eine Schüssel geben, in die Mitte eine Mulde drücken. Die Hefe zerbröckeln und in einer Tasse mit etwas Milch verrühren. Den Vorteig in die Mehlmulde gießen, mit wenig Mehl bestäuben und mit einem Tuch bedeckt an einem warmen, zugfreien Ort etwa 15 Minuten gehen lassen. • Dann den Vorteig mit dem Mehl, der restlichen Milch, dem Ei, dem Öl und dem Salz entweder kräftig von Hand oder mit den Knethaken des Handrührgerätes verkneten. Der Teig darf nicht zu trocken sein, soll sich aber vom Schüsselrand lösen. Bei Bedarf noch etwas Milch oder Mehl unterarbeiten. Die Schüssel zudecken und den Teig an einem warmen Ort etwa 40 Minuten gehen lassen, bis sich sein Volumen verdoppelt hat. • Inzwischen die Zwiebeln schälen und in feine Ringe schneiden. Die Butter erhitzen und die Zwiebeln darin bei schwacher bis mittlerer Hitze glasig dünsten. Sie dürfen dabei nicht braun werden. • Die Paprikaschote waschen, halbieren, vom Stielende, der weißen Haut und den Kernen befreien und zuerst in Streifen, dann in Würfel schneiden. • Die Paprikawürfel zu den Zwiebeln geben und zugedeckt etwa 3 Minuten mitdünsten. Die Zwiebelmasse von der Kochstelle nehmen und abkühlen lassen. • Die Eier verquirlen und mit der Crème fraîche und dem Kümmel verrühren. Die Petersilie waschen und trockentupfen. Die groben Stiele entfernen, die Blätter kleinschneiden und zur Eiercreme geben. • Ein Backblech mit Backtrennpapier auskleiden. • Den Teig nochmals von Hand durchkneten, dann auf der Arbeitsfläche zwischen zwei Plastikfolien, zum Beispiel aufgeschnittenen Gefrierbeuteln, ohne Mehl in der Größe des Backblechs ausrollen. Den Teig auf das Blech legen. Die Zwiebelmasse mit der Eiercreme verrühren, mit Salz und Pfeffer pikant abschmecken und auf den Teig streichen. • Das Blech auf die mittlere Schiene des kalten Backofens stellen. • Auf 210°, beim Heißluftherd 190°, stellen und den Zwiebelkuchen etwa 35 Minuten backen, bis die Oberfläche goldgelb ist. Den Zwiebelkuchen in 20 Stücke schneiden und ofenwarm servieren.

Mein Tip: Der Zwiebelkuchen läßt sich gut portionsweise einfrieren.

Appenzeller Gemüsetorte

Als Vorspeise für 12 Personen ausreichend

Zutaten für 8 Personen:
Für den Teig:
150 g Weizen, fein gemahlen
(oder Weizenmehl Type 1700)
150 g Magerquark
100 g Butter · ¼ Teel. Salz
Für den Belag:
450 g tiefgefrorener Spinat
oder 500 g Blumenkohl oder
Broccoli · eventuell ½ Teel.
Kümmel · 1 Zwiebel
1 Eßl. Butter · 1 gehäufter Eßl.
Weizen, fein gemahlen
(oder Weizenmehl Type 1700)
etwa 200 ccm Milch
150 g Crème fraîche · 2–3 Eier
Salz · frisch gemahlener weißer
Pfeffer · 2 Prisen frisch
geriebene Muskatnuß
eventuell 1 Knoblauchzehe
100 g Appenzeller
Für die Form: Butter

Pro Person etwa 1500 kJ/360 kcal
13 g Eiweiß · 26 g Fett · 15 g Kohlenhydrate · 4 g Ballaststoffe

Vorbereitungszeit: 1½ Stunden
Backzeit: 35–40 Minuten

Das Mehl in eine Schüssel schütten. Den Quark darauf verteilen. Die Butter erwärmen, bis sie flüssig ist, dann auf das Mehl träufeln. Das Salz dazugeben und alles zu einem formbaren Teig verrühren. Den Teig zugedeckt 1 Stunde im Kühlschrank ruhen lassen. • Inzwischen den tiefgefrorenen Spinat auftauen lassen. Oder den Blumenkohl in Salzwasser legen um eventuell vorhandenes Ungeziefer zu entfernen, dann in klarem Wasser nachspülen. Von dem Blumenkohl oder dem gewaschenen Broccoli die einzelnen Röschen abschneiden. Die kleinen Stiele vierteln, die groben für ein anderes Gericht verwenden. Die geviertelten Stiele in wenig Salzwasser mit dem Kümmel bei schwacher Hitze zugedeckt 10 Minuten garen. Dann die Röschen dazugeben und alles weitere 5 Minuten garen. Dann das Wasser abgießen und das Gemüse abtropfen lassen. Oder den Spinat bei schwacher Hitze zugedeckt 5 Minuten dünsten. • Die Zwiebel schälen und fein hacken. Die Butter erhitzen und die Zwiebel darin glasig dünsten. Das Mehl unterrühren, dann mit so viel Milch aufgießen, daß eine dickflüssige Sauce entsteht. Den Topf vom Herd ziehen und die Sauce etwas abkühlen lassen. Die Crème fraîche unter die Mehlsauce rühren. Die Eier verquirlen und ebenfalls untermischen. • Das Gemüse mit zwei Dritteln der Sauce verrühren und mit Salz, Pfeffer und dem Muskat abschmecken. Bei Verwendung von Spinat die Knoblauchzehe schälen und durch die Presse dazudrücken. • Den Backofen auf 190°, den Heißluftherd auf 170° vorheizen. Eine Springform von 24 oder 26 cm ∅ mit Butter ausstreichen. • Zwei Drittel des Teiges zwischen zwei Plastikfolien, zum Beispiel aufgeschnittenen Gefrierbeuteln, ohne Mehl in der Größe des Springformbodens ausrollen. Die Form damit auslegen. Aus dem restlichen Teig eine Rolle formen und als Rand in die Form drücken. Das Gemüse in der Form verteilen. Den Käse reiben und unter die restliche Sauce rühren. Mit Salz und Pfeffer abschmecken. Die Sauce auf das Gemüse streichen. • Die Gemüsetorte auf der mittleren Schiene des Ofens 35–40 Minuten backen, bis die Oberfläche goldbraun ist. • Den Kuchen ofenwarm servieren.

Spinatkuchen mit Eiersahne

Schmeckt auch mit Mangold

Zutaten für 8 Personen:
Für den Teig:
250 g Weizen, fein gemahlen (oder Weizenmehl Type 1700)
½ Teel. Salz · 4 Eßl. kaltes Wasser · 125 g kalte Butter
500 g Hülsenfrüchte zum Blindbacken
Für den Belag:
2 Zwiebeln · 1 Knoblauchzehe
350 g Spinat · 1 Eßl. Butter
Salz · frisch gemahlener weißer Pfeffer · 2 Prisen frisch geriebene Muskatnuß
3 Eier · 250 g Sahne
100 g Vollkornbrösel
100 g Greyerzer oder Emmentaler · ½ Teel. edelsüßes Paprikapulver
Für die Form: Butter

Pro Person etwa 1875 kJ/450 kcal
13 g Eiweiß · 33 g Fett · 28 g Kohlenhydrate · 6 g Ballaststoffe

Vorbereitungszeit: 1½ Stunden
Backzeit: 45 Minuten
Abkühlzeit: 20 Minuten

Für den Teig das Mehl auf die Arbeitsfläche schütten. Das Salz darüber streuen. In die Mitte eine Mulde drücken und das Wasser hineingießen. Die Butter in Flöckchen schneiden und auf dem Mehl verteilen. Zuerst das Wasser mit einer Gabel mit dem Mehl verrühren, dann alles mit den Händen zu einem glatten Teig verkneten.
• Den Teig zugedeckt 1 Stunde in den Kühlschrank stellen.
• Inzwischen die Zwiebeln und die Knoblauchzehe schälen. Die Zwiebeln fein hacken, die Knoblauchzehe durch die Presse drücken. Den Spinat waschen, verlesen und von den groben Stielen befreien. Abtropfen lassen und gründlich trockenschütteln. Den Spinat dann in feine Streifen schneiden. • Die Butter erhitzen und die Zwiebeln darin glasig dünsten. Den Spinat dazugeben und so lange erhitzen, bis er zusammenfällt. Den Knoblauch hinzufügen und den Spinat mit Salz, Pfeffer und dem Muskat abschmecken. • Die Eier mit der Sahne verquirlen. Die Vollkornbrösel unterrühren. Den Käse fein reiben und ebenfalls untermischen. Alles mit dem Paprikapulver und 2 Prisen Pfeffer würzen. • Den Backofen auf 200°, den Heißluftherd auf 180° vorheizen. Eine Springform von 24 oder 26 cm ∅ mit Butter ausstreichen. • Zwei Drittel des Teiges zwischen zwei Plastikfolien, zum Beispiel aufgeschnittenen Gefrierbeuteln, ohne Mehl in der Größe des Springformbodens ausrollen. Die Form damit auslegen. Den restlichen Teig zu einer Rolle formen und als Rand in die Form drücken. Den Teigboden mit Pergamentpapier belegen und die Hülsenfrüchte daraufschütten. • Den Teig 15 Minuten auf der oberen Schiene des Ofens vorbacken. • Dann die Hülsenfrüchte und das Papier entfernen. Den Spinat auf dem vorgebackenen Teig verteilen und mit der Eiersahne bestreichen. • Den Spinatkuchen in 30 Minuten auf der mittleren Schiene fertig backen, bis die Oberfläche goldbraun ist. • Den Kuchen etwa 20 Minuten abkühlen lassen, dann servieren.

Brot, Brotaufstriche und Gebäck

Vollkornbrot aus der eigenen Backstube schmeckt unvergleichlich gut und erfordert – entgegen einem verbreiteten Vorurteil – nur wenig Mühe. Auch Brötchen, die sich gut auf Vorrat backen und einfrieren lassen, sind ganz einfach herzustellen. Servieren Sie dazu vegetarische Brotaufstriche, die Sie nach den Rezepten in diesem Kapitel im Handumdrehen zubereitet haben.

Neben Brot und Brötchen finden Sie auf den folgenden Seiten auch süßes Gebäck aus Vollkornmehl und mit alternativen Süßungsmitteln. Dazu Weihnachtsplätzchen, die problemlos und schnell gelingen.

Gewürztes Weizenvollkornbrot

Kann man statt mit Wasser auch mit Buttermilch zubereiten

1 kg Weizen (oder Weizenmehl Type 1700) · 2 gestrichene Eßl. ungemahlenes Brotgewürz
60 g frische Hefe
650 ccm lauwarmes Wasser
1 gehäufter Teel. Salz
Für das Blech: Backtrennpapier

Bei 30 Scheiben etwa 435 kJ/ 105 kcal · 4 g Eiweiß · 1 g Fett 21 g Kohlenhydrate · 4 g Ballaststoffe pro Scheibe

Vorbereitungszeit: 30 Minuten
Ruhezeit: 1¼ Stunden
Backzeit: 1 Stunde

Den Weizen mit der Hälfte des Brotgewürzes in der Getreidemühle fein mahlen. Oder gemahlenes Brotgewürz verwenden. Das Mehl in eine große Schüssel schütten und in die Mitte eine Mulde drücken. Die Hefe zerbröckeln und in einer Tasse mit wenig Wasser verrühren. Den Vorteig in die Mulde geben, mit etwas Mehl bestäuben und zugedeckt an einem warmen Ort etwa 15 Minuten gehen lassen. • Dann das Salz und eventuell das gemahlene Brotgewürz dazugeben, das restliche Wasser angießen und alles mit einem Kochlöffel von Hand oder mit den Knethaken des Handrührgerätes etwa 5 Minuten lang zu einem Teig verkneten. Die Konsistenz des Teiges sollte so feucht wie möglich, der Teig aber noch formbar sein. Bei Bedarf noch etwas Wasser oder Mehl dazugeben. Den Teig an einem warmen, zugfreien Ort etwa 1 Stunde zugedeckt gehen lassen, bis sich sein Volumen verdoppelt hat. • Den Backofen auf 230°, den Heißluftherd auf 210° vorheizen. Etwa 2 l Wasser zum Kochen bringen. • Den Teig mit bemehlten Händen auf der ebenfalls bemehlten Arbeitsfläche nochmals kräftig durchkneten. Dann entweder zu einem Laib oder Wecken formen. Das Brot an der Oberseite mit einem angefeuchteten Messerrücken mehrmals schräg einschneiden. Die Teigoberfläche mit lauwarmem Wasser bestreichen und mit dem restlichen Brotgewürz bestreuen. Die Körner etwas andrücken. • Ein Backblech mit Backtrennpapier auskleiden. Das Brot darauflegen und auf die mittlere Schiene des Ofens schieben. Das kochende Wasser in ein Gefäß mit großem Durchmesser geben und mit in den Backofen stellen. Das Brot etwa 1 Stunde backen. • Dann die Garprobe machen. Das Brot umdrehen und mit den Fingern beklopfen; es muß an allen Stellen gleich hohl klingen. Oder das Brot wiegen. Durchgebackenes Brot weist einen Gewichtsverlust von 14% auf. • Das Brot auf einem Kuchengitter auskühlen lassen, dann in einem Brotkasten aufbewahren. Brot bitte nie in Kunststoffbeuteln aufbewahren, sonst fängt es an zu schimmeln.

Mein Tip: Das Brot läßt sich nach dem Auskühlen gut tiefgefrieren. Nach dem Auftauen wird es bei 150° (Heißluft 130°) etwa 10 Minuten aufgebacken. Dabei heißes Wasser mit in den Backofen stellen.
Das Brot können Sie leicht verändern. Ein Sonnenblumenbrot erhalten Sie, wenn Sie statt der Gewürze 200 g Sonnenblumenkerne in den Teig mischen und das Brot vor dem Backen mit Kernen bestreuen. Oder Sie verwenden 250 g grob gehackte Walnußkerne.
Anfänger tun sich leichter, wenn sie das Brot in Kuchenformen backen. Der Teig sollte nämlich möglichst feucht sein, sonst ist das Brot zu trocken und bröselt beim Anschneiden. Wenn Sie das Brot in einer gebutterten Kastenform bakken, beträgt die Backzeit 1¼ Stunden.

Sauerteigbrot mit Roggen

Hält sich 8–10 Tage frisch

1 Eßl. Kümmel · 1 Eßl. Koriander	
400 g Roggen (oder Roggenmehl Type 1800)	
400 g Weizen (oder Weizenmehl Type 1700) · 40 g frische Hefe · etwa 450 ccm lauwarmes Wasser oder Molke	
1 Teel. flüssiger Honig	
1 Beutel Sauerteig (150 g)	
2 gestrichene Teel. Salz	
Für die Form oder das Blech: Butter und Mehl oder Backtrennpapier	

Bei 25 Scheiben etwa 520 kJ/ 125 kcal · 5 g Eiweiß · 1 g Fett 23 g Kohlenhydrate · 4 g Ballaststoffe pro Scheibe

Vorbereitungszeit: 30 Minuten
Ruhezeit: 1½ Stunden
Backzeit: 1 Stunde

Den Kümmel und den Koriander vermengen und die Hälfte davon mit dem Roggen und dem Weizen in der Getreidemühle mittelfein mahlen. Oder gemahlene Gewürze verwenden und mit den Mehlsorten mischen. • Das Mehl in eine Schüssel geben. Die Hefe zerbröckeln und in einer Tasse mit wenig Wasser oder Molke und dem Honig verrühren. In das Mehl eine Mulde drücken, den Vorteig hineingeben, mit etwas Mehl bestäuben und zugedeckt an einem warmen Ort etwa 15 Minuten gehen lassen.
• Dann den Sauerteig und das Salz dazugeben. Die restliche Flüssigkeit angießen und alles mit den Händen oder den Knethaken des Handrührgerätes zu einem Teig verkneten. Er sollte so feucht wie möglich, jedoch noch formbar sein. Den Teig einige Minuten kräftig durchkneten, dann zugedeckt an einem warmen, zugfreien Ort 1–1½ Stunden gehen lassen. Das Teigvolumen sollte sich in dieser Zeit knapp verdoppeln.
• Den Backofen auf 220°, den Heißluftherd auf 200° vorheizen. Etwa 2 l Wasser zum Kochen bringen. • Den Brotteig mit den Händen nochmals kräftig kneten. Dann entweder zu einem Laib oder Wecken geformt auf ein mit Backtrennpapier ausgelegtes Backblech legen oder in eine gebutterte, bemehlte Kastenform geben. Die Teigoberfläche mit einem angefeuchteten Messerrücken einschneiden und mit lauwarmem Wasser bestreichen. Die restlichen Gewürze darauf streuen und etwas andrücken.
• Das Brot auf die mittlere Schiene des Ofens geben. Das Wasser in einem Topf mit großem Durchmesser oder in der Fettpfanne (beim Heißluftherd) mit in den Backofen geben. Dadurch verkürzt sich die Backzeit um etwa ein Viertel. Das Brot etwa 1 Stunde backen.
• Dann die Garprobe machen. Bei Broten, die in der Form gebacken wurden, stellt man durch Wiegen fest, ob sie gar sind. Sie weisen einen Gewichtsverlust von 14% auf. Geformte Brote nimmt man aus dem Backofen, dreht sie um und klopft mit den Fingern darauf. Wenn sich das Brot an allen Stellen gleich hohl anhört, ist es fertig. • Das Brot auf einem Kuchengitter auskühlen lassen.

Mein Tip: Das Brot läßt sich gut tiefgefrieren. Nach dem Auftauen wird es bei 150° (Heißluft 130°) in etwa 10 Minuten aufgebacken. Dabei etwas kochendes Wasser mit in den Backofen stellen. Zusätzlich zu Kümmel und Koriander können Sie Anis und Fenchel an den Teig geben. Oder Sie lassen die Gewürze weg und verwenden statt dessen 200 g Sonnenblumenkerne. Statt Wasser oder Molke können Sie auch Sauerkrautsaft verwenden. Dann genügt 1 Teelöffel Salz.

Dinkelbrötchen

Lassen sich gut tiefgefrieren

etwa 650 ccm Milch
1 kg Dinkel, fein gemahlen
80 g frische Hefe
1 gehäufter Teel. Salz
Für die Arbeitsfläche: Mehl
Für das Backblech:
Backtrennpapier
Zum Bestreichen: Milch
Zum Bestreuen: Mohnsamen,
Sesam, Kümmel, Sonnen-
blumenkerne oder geriebener
Käse

Bei 36 Brötchen etwa 400 kJ/ 95 kcal · 4 g Eiweiß · 1 g Fett 18 g Kohlenhydrate · 3 g Ballaststoffe pro Stück

Vorbereitungszeit: 15 Minuten
Ruhezeit: 20–30 Minuten
Fertigstellung: 25 Minuten
Backzeit: 25 Minuten

Die Milch lauwarm erwärmen. Das Mehl in eine Schüssel geben. Die Hefe zerbröckeln, mit wenig Milch in einer Tasse verrühren und über das Mehl schütten. Das Salz und die restliche Milch dazugeben. Alle diese Zutaten mit den Händen oder den Knethaken des Handrührgerätes verkneten und den Teig etwa 5 Minuten lang kräftig bearbeiten. Er sollte so feucht wie möglich, aber eben noch formbar sein. • Den Teig zugedeckt an einem warmen, zugfreien Ort 20–30 Minuten gehen lassen, bis sich sein Volumen verdoppelt hat. • Den Teig dann nochmals gründlich kneten und in 2 gleich große Stücke teilen. Jedes Teigstück zu einer Rolle formen und in je 18 Stücke schneiden. Nun beginnt die Kunst des »Schleifens«. Man bildet mit der Hand einen Käfig und bewegt das Teigstück auf der bemehlten Arbeitsfläche im Kreis. So wird das Brötchen oben rund und unten flach. Wenn Ihnen dies zu schwierig ist, formen Sie einfach Bällchen aus dem Teig. Der »Teigschluß« kommt nach unten. • Die geformten Brötchen nochmals 10 Minuten gehen lassen. • Den Backofen auf 220°, den Heißluftherd auf 200° vorheizen. Ein Backblech mit Backtrennpapier auslegen. • Die Brötchen entweder mit einem »Kaisersemmel-Stupser« (erhältlich in Fachgeschäften und Naturkostläden) einschneiden und mit lauwarmer Milch bestreichen. Oder die Brötchen nur mit lauwarmer Milch bestreichen und mit Kümmel, Sonnenblumenkernen oder geriebenem Käse bestreuen oder in ein Schälchen mit Sesam oder Mohn tauchen. • Die Brötchen auf das Blech legen und auf der oberen Schiene des Ofens in etwa 25 Minuten bakken. • Beim Heißluftherd können Sie zwei Bleche gleichzeitig in den Backofen schieben. Dann die Bleche nach 15 Minuten Backzeit austauschen. • Die Brötchen auf einem Kuchengitter gut auskühlen lassen.

Mein Tip: Statt Brötchen können Sie aus dem Teig auch Zöpfchen formen oder aus 2 Teigsträngen eine Kordel drehen und zum Kreis schließen. Für Einladungen oder Familienfeiern können Sie Partybrötchen backen. Dazu benötigen Sie einen runden Bräter oder eine große runde Auflaufform, die Sie mit Butter ausstreichen und mit Mehl bestäuben. Den Teig zu zwei Rollen formen und diese jeweils in mindestens 30 gleich große Stücke schneiden. Kleine Brötchen formen und diese in die Form setzen, so daß sie sich eben berühren. Die Partybrötchen in einem beliebigen Muster mit Mohn, Sesam und Kümmel bestreuen.

Vinschgauer

Knusprige Teigfladen nach Südtiroler Art

650 ccm kohlensäurehaltiges
Mineralwasser · 1 gehäufter
Eßl. Anissamen · 1 gehäufter
Eßl. Fenchelsamen · 200 g
Roggen (oder Roggenmehl
Type 1800) · 800 g Weizen
(oder Weizenmehl Type 1700)
60 g frische Hefe
1 gehäufter Teel. Salz
Für das Backblech:
Backtrennpapier

Bei 36 Stücken etwa 360 kJ/ 85 kcal · 3 g Eiweiß · 1 g Fett 17 g Kohlenhydrate · 3 g Ballaststoffe pro Stück

Vorbereitungszeit: 30 Minuten
Ruhezeit: 30–40 Minuten
Fertigstellung: 30 Minuten
Backzeit: 20–25 Minuten

Das Mineralwasser lauwarm erwärmen. • Den Anis und den Fenchel mischen. Die Hälfte davon mit dem Roggen und dem Weizen in der Getreidemühle fein mahlen. Oder gemahlene Gewürze verwenden und mit den Mehlsorten mischen. • Das Mehl in eine große Schüssel schütten. Die Hefe zerbröckeln und in einer Tasse mit etwas Mineralwasser anrühren. In die Mitte des Mehles eine Mulde drücken und den angerührten Vorteig hineinschütten. Mit etwas Mehl bestäuben und an einem warmen, zugfreien Ort zugedeckt etwa 15 Minuten gehen lassen, bis sich im Vorteig Bläschen bilden. • Dann das Salz und das restliche Mineralwasser hinzufügen. Alle Zutaten verkneten und etwa 5 Minuten lang kräftig durcharbeiten. Der Teig sollte so feucht wie möglich sein, sich jedoch vom Schüsselrand lösen und formbar sein. • Den Teig zugedeckt an einem warmen, zugfreien Ort 30–40 Minuten gehen lassen, bis sich sein Volumen etwa verdoppelt hat. • Den Teig nochmals von Hand durchkneten und in 2 gleich große Hälften teilen. Aus jeder Hälfte eine Rolle formen und in je 18 Scheiben schneiden. Die Scheiben zu runden Fladen mit einem Durchmesser von etwa 10 cm formen. • Den Backofen auf 230°, den Heißluftherd auf 210° vorheizen. Ein Backblech mit Backtrennpapier auslegen. • Die Fladen auf das Blech legen und mit lauwarmem Wasser bestreichen. Den restlichen Anis und Fenchel daraufstreuen und etwas andrücken. Die Fladen noch einmal etwa 15 Minuten gehen lassen. • Die Vinschgauer auf der oberen Schiene des Backofens in 20–25 Minuten backen. In den Heißluftherd können Sie zwei Bleche gleichzeitig schieben, die Sie nach 10 Minuten Backzeit jedoch austauschen sollten. • Die Vinschgauer auf einem Kuchengitter auskühlen lassen. • Dazu passen Butter und Käse.

Mein Tip: Die Vinschgauer lassen sich gut tiefgefrieren. Die gefrorenen Fladen werden bei 150° (Heißluft 130°) etwa 10 Minuten aufgebacken. Dabei stellt man etwas kochendes Wasser mit in den Backofen. Versuchen Sie auch einmal folgendes Rezept: Die Vinschgauer auseinander schneiden und jede Scheibe zuerst mit Camembertscheiben und dann mit Tomatenscheiben belegen. Diese mit Basilikum bestreuen und mit einigen Tropfen Olivenöl beträufeln. Die Vinschgauer im Backofen bei 220°, im Heißluftherd bei 200°, überbacken, bis der Käse schmilzt.

Käsegebäck

Schmeckt frisch am besten

- 175 g mittelalter Gouda
- 300 g Weizen, fein gemahlen (oder Weizenmehl Type 1700)
- 1 gehäufter Teel. Weinstein-Backpulver · 1 gehäufter Eßl. edelsüßes Paprikapulver
- 2 Eßl. Sahne · 200 g kalte Butter
- Zum Bestreichen: 1 Eigelb
- 1 Eßl. Milch
- Zum Bestreuen: Pistazienkerne, Walnüsse, Mandeln, Kümmel, Sesam- und Mohnsamen
- Für das Backblech: Backtrennpapier

Bei 80 Stücken etwa 190 kJ/ 45 kcal · 2 g Eiweiß · 4 g Fett · 2 g Kohlenhydrate · 1 g Ballaststoffe pro Stück

Vorbereitungszeit: 30 Minuten
Ruhezeit: 1 Stunde
Fertigstellung: 1 Stunde
Backzeit: 10–15 Minuten

Den Käse fein reiben. Das Mehl auf die Arbeitsfläche schütten. Das Backpulver und das Paprikapulver auf dem Mehl verteilen. In die Mehlmitte eine Mulde drücken und die Sahne hineingießen. Die Butter in kleinen Flöckchen auf dem Mehl verteilen. Zuletzt den Gouda über die Teigzutaten streuen und alles rasch zu einem glatten Teig verkneten. • Den Teig zugedeckt 1 Stunde in den Kühlschrank stellen. • Das Eigelb mit der Milch verquirlen. Pistazienkerne hacken, Walnüsse schälen und halbieren. Mandeln mit kochendem Wasser überbrühen, häuten und längs halbieren. • Den Backofen auf 190°, den Heißluftherd auf 170° vorheizen. • Etwa ein Viertel des Teiges ohne Mehl zwischen zwei Plastikfolien, zum Beispiel aufgeschnittenen Gefrierbeuteln, etwa messerrückendick ausrollen. Den restlichen Teig inzwischen im Kühlschrank lassen. Aus dem Teig runde Plätzchen ausstechen. • Ein Backblech mit Backtrennpapier auslegen. • Die Plätzchen auf das Papier legen und sparsam mit der Eiermilch bestreichen. Nun entweder mit Pistazien, Walnüssen oder Mandeln belegen oder mit Kümmel, Sesam oder Mohn bestreuen. • Das Käsegebäck auf der mittleren Schiene des Backofens in 10–15 Minuten goldgelb backen. Käsegebäck darf nicht zu dunkel werden, sonst schmeckt es bitter. • Den restlichen Teig ebenso ausrollen, ausstechen, verzieren und backen. • Das fertige Käsegebäck auf einem Kuchengitter auskühlen lassen.

Mein Tip: Statt Plätzchen können Sie aus dem Teig auch Käsestangen herstellen. Dazu werden fingerdicke Rollen von etwa 10 cm Länge geformt. Dann jeweils zwei Rollen wie eine Kordel zusammendrehen, mit Eiermilch bestreichen, mit Kümmel bestreuen und wie oben beschrieben backen.
Das Käsegebäck schmeckt frisch am besten. Wenn Sie einmal Reste haben, können Sie diese bei 150° (Heißluft 130°) in etwa 5 Minuten aufbacken.
Zu verschiedenen Anlässen können Sie dem Käsegebäck auch die Form von Glücksbringern geben. Zu Silvester werden aus dem Teig mit einer passenden Form Schweinchen ausgestochen oder die neue Jahreszahl geformt. Zum Geburtstag eignen sich Kleeblätter, die beliebig bestreut werden. Die entsprechenden Förmchen erhalten Sie im Fachhandel.

Knusprige Käsestangen

Sie schmecken ofenwarm am besten

330 ccm kohlensäurehaltiges Mineralwasser · 200 g Emmentaler · 500 g Weizen (oder Weizenmehl Type 1700)
½ Teel. Kümmel
½ Teel. Koriander
40 g frische Hefe
1 gestrichener Teel. Salz
Für das Backblech:
Backtrennpapier
Zum Bestreichen:
1 Eigelb · 1 Eßl. Milch

Bei 24 Stücken etwa 420 kJ/ 100 kcal · 5 g Eiweiß · 3 g Fett 13 g Kohlenhydrate · 2 g Ballaststoffe pro Stück

Vorbereitungszeit: 30 Minuten
Ruhezeit: 40 Minuten
Fertigstellung: 30 Minuten
Backzeit: 25 Minuten

Das Mineralwasser lauwarm erwärmen. Den Käse mittelgrob reiben. Den Weizen mit dem Kümmel und dem Koriander in der Getreidemühle fein mahlen. Oder gemahlene Gewürze verwenden und mit dem Mehl mischen. Das Mehlgemisch in eine Schüssel füllen. In die Mitte eine Mulde drükken. Die Hefe zerbröckeln und in einer Tasse mit etwas Mineralwasser verrühren. Diesen Vorteig in die Mehlmulde gießen, mit etwas Mehl bestäuben und zugedeckt an einem warmen, zugfreien Ort etwa 15 Minuten gehen lassen, bis sich im Vorteig Bläschen bilden. • Dann das Salz, 125 g Emmentaler und das restliche Mineralwasser dazugeben und alles zu einem glatten Teig verkneten. Den Teig 4–5 Minuten mit einem Kochlöffel oder mit den Knethaken des Handrührgerätes kräftig durcharbeiten. • Den Teig an einem warmen, zugfreien Ort zugedeckt weitere 40 Minuten gehen lassen, bis sich sein Volumen verdoppelt hat. • Den Backofen auf 210°, den Heißluftherd auf 190° vorheizen. Zwei Backbleche mit Backtrennpapier auslegen. • Den Teig nochmals kräftig von Hand durchkneten. Aus dem Teig eine gleichmäßig dicke Rolle formen und etwa 24 gleich dicke Stücke davon abschneiden. Jedes Teigstück noch einmal halbieren und zu einer dünnen Rolle formen. Jeweils zwei Rollen wie eine Kordel zusammendrehen. • Das Eigelb mit der Milch verquirlen und die Teigstangen dünn damit bestreichen. Die Stangen auf die Backbleche legen und mit dem restlichen Käse bestreuen. Dann nochmals 10–15 Minuten gehen lassen. • Die Käsestangen auf der oberen Schiene des heißen Ofens etwa 25 Minuten backen, bis der Käse zerlaufen und gebräunt ist. • Die Käsestangen ofenwarm servieren oder auf einem Kuchengitter gut auskühlen lassen.

Mein Tip: Die Käsestangen eignen sich zum Tiefgefrieren. Nach dem Auftauen werden sie bei 150° (Heißluft 130°) etwa 5 Minuten aufgebacken.
Sie können aus dem Teig auch runde oder längliche Brötchen, die Sie in der Mitte mit einem angefeuchteten Messerrücken einschneiden, formen und wie oben beschrieben backen.
Statt Emmentaler können Sie mittelalten Gouda, Greyerzer, Bergkäse oder Appenzeller verwenden.

Knoblauch-Kräuter-Baguette

Ideal zur Gästebewirtung

Zutaten für 12 Personen:
1 kg Dinkel, fein gemahlen
80 g frische Hefe
etwa 650 ccm lauwarme Milch
1 gehäufter Teel. Salz · 250 g Butter · 2 Knoblauchzehen
2–3 Bund gemischte frische Kräuter
Zum Bestreichen: Milch

Pro Person etwa 2000 kJ/475 kcal
13 g Eiweiß · 22 g Fett · 56 g Kohlenhydrate · 8 g Ballaststoffe

Vorbereitungszeit: 1 Stunde
Backzeit: 30 Minuten
Fertigstellung: 25 Minuten

Das Mehl in eine Schüssel geben. Die Hefe zerbröckeln und mit wenig Milch verrühren. Mit der restlichen Milch und dem Salz zum Mehl geben und alles in etwa 5 Minuten verkneten. Den Teig zugedeckt an einem warmen Ort 30–40 Minuten gehen lassen, bis er sein Volumen verdoppelt hat. • Inzwischen die Butter schaumig rühren. Die Knoblauchzehen durch die Presse drücken und mit der Hälfte der Butter verrühren. Die Kräuter waschen, trockenschwenken und fein hacken. Die Kräuter mit der restlichen Butter verrühren und mit der Knoblauchbutter zugedeckt in den Kühlschrank stellen. • Den Backofen auf 220°, den Heißluftherd auf 200° vorheizen. Den Teig noch einmal durchkneten und zu zwei gleich langen Rollen formen. Jede Rolle an der Oberfläche zickzackförmig einschneiden und auf ein Backblech geben. Die Rollen mit Milch bestreichen und auf der oberen Schiene etwa 30 Minuten backen, dann etwas abkühlen lassen. • Die Rollen in Abständen von 2 cm einschneiden. Die Kräuterbutter in Scheiben schneiden und in die Einschnitte geben. • Die Brote in Alufolie wickeln und im heißen Ofen etwa 15 Minuten backen.

Laugenbrezen

Lassen sich gut tiefgefrieren

Für den Teig:
750 g Weizen, fein gemahlen (oder Weizenmehl Type 1700)
60 g frische Hefe
425 ccm lauwarmes Wasser
1 gehäufter Teel. Salz
Für die Lauge und zum Bestreuen:
2 l Wasser · 2 gehäufte Eßl. Speisenatron · Kümmel

Bei 25 Brezen etwa 390 kJ/95 kcal
4 g Eiweiß · 1 g Fett · 18 g Kohlenhydrate · 4 g Ballaststoffe pro Stück

Vorbereitungszeit: 30 Minuten
Ruhezeit: 30–40 Minuten
Fertigstellung: 20 Minuten
Backzeit: 25 Minuten

Das Mehl in eine Schüssel schütten und in die Mitte eine Mulde drücken. Die Hefe zerbröckeln und mit wenig Wasser verrühren. In die Mulde geben und zugedeckt an einem warmen Ort etwa 15 Minuten gehen lassen. • Das Salz und das restliche Wasser dazugeben und alles etwa 5 Minuten zu einem glatten Teig verkneten. • Den Teig zugedeckt weitere 30–40 Minuten gehen lassen, bis sich sein Volumen verdoppelt hat. • Den Teig nochmals durchkneten, dann in 25 gleich große Stücke teilen. Diese zuerst zu einer dünnen Rolle, dann zu einer Breze formen. • Den Backofen auf 225°, den Heißluftherd auf 205° vorheizen. Ein Backblech mit Backtrennpapier auslegen. • Das Wasser zum Kochen bringen und das Natron darin verrühren. Mit einer Schöpfkelle (nicht mit den Fingern) jede Breze etwa ½ Minute in die Lauge tunken, dann abtropfen lassen und auf das Backblech setzen. • Die Brezen mit Kümmel bestreuen und auf der oberen Schiene des heißen Ofens etwa 25 Minuten backen. • Die Brezen auf einem Kuchengitter auskühlen lassen.

Pikant gefüllte Windbeutel

Frisch schmecken sie am besten

Zutaten für 16 Windbeutel:
Für den Teig:
¼ l Wasser · 50 g Butter
1 Prise Salz · 140 g Weizen, fein gemahlen (oder Weizenmehl Type 1700) · 4 mittelgroße Eier
50 g frisch geriebener Parmesan
Für das Backblech:
Backtrennpapier
Für die Frischkäsecreme (im Bild links):
400 g Doppelrahmfrischkäse
2 Eßl. trockener Weißwein, ersatzweise Milch
1 Bund gemischte Kräuter oder 2½ cm frische Meerrettichwurzel · Salz · frisch gemahlener weißer Pfeffer
Für die Roquefortcreme (im Bild in der Mitte):
2 Blatt weiße Gelatine
5 Eßl. kaltes Wasser
100 g Butter
100 g Roquefort · 150 g Sahne

Für die Avocadocreme (im Bild rechts):
1 Zitrone · 3 reife Avocados
125 g Magerquark · Salz · frisch gemahlener weißer Pfeffer
150 g Sahne

Pro Stück ohne Füllung etwa 750 kJ/180 kcal · 6 g Eiweiß 14 g Fett · 6 g Kohlenhydrate 1 g Ballaststoffe

Vorbereitungszeit: 25 Minuten
Backzeit: 25 Minuten
Fertigstellung: 40 Minuten

Für den Teig das Wasser mit der Butter und dem Salz zum Kochen bringen. Das Mehl auf einmal dazuschütten und den Teig so lange bei starker Hitze rühren, bis er sich um den Kochlöffel wickelt und sich eine dünne weiße Schicht am Topfboden bildet. • Den Topf von der Kochstelle ziehen und sofort ein Ei unter den Teig rühren. Den Teig abkühlen lassen. • Dann die restlichen Eier und den Parmesan unterrühren. • Den Backofen auf 230°, den Heißluftherd auf 210° vorheizen. Ein Backblech mit Backtrennpapier auslegen. • Mit 2 Kaffeelöffeln 16 Teighäufchen auf das Blech setzen. • Die Windbeutel auf der mittleren Schiene des Ofens etwa 25 Minuten backen, bis sie goldgelb sind. Dann sofort einen Deckel abschneiden und die Windbeutel auf einem Kuchengitter auskühlen lassen. • Inzwischen entweder für die Frischkäsecreme den Käse mit dem Wein oder der Milch cremig rühren. • Die Kräuter waschen, trockentupfen und ohne die groben Stiele fein schneiden. Oder den Meerrettich schälen und fein reiben. Mit der Creme verrühren und diese mit Salz und Pfeffer abschmecken. • Oder für die Roquefortcreme die Gelatine zerkleinern und in dem Wasser einweichen. • Die Butter schmelzen lassen. Den Käse mit einer Gabel zerdrücken und mit der Butter verrühren. • Die Gelatine mit dem Wasser erwärmen und unter Rühren auflösen, dann ebenfalls unter die Buttermischung rühren. • Wenn die Creme fest wird, die Sahne steif schlagen und vorsichtig unterziehen. • Oder für die Avocadocreme die Zitrone auspressen. Die Avocado halbieren und den Kern entfernen. Das Fruchtfleisch mit einem Löffel aus den Schalen lösen, mit dem Zitronensaft beträufeln und durch ein Sieb streichen. Den Quark unterrühren und die Creme mit Salz und Pfeffer abschmecken. Die Sahne steif schlagen und vorsichtig unterziehen. • Die Windbeutel mit den drei Füllungen bedekken und die Deckel wieder aufsetzen. Die Windbeutel sofort servieren.

Feine Buttermischungen

Schmecken als Brotaufstrich, zu Gemüsefondue oder Pellkartoffeln

Olivenbutter

im Bild hinten rechts

12 paprikagefüllte Oliven
5 Walnußkerne · 125 g weiche Butter · 1/4 Teel. Salz
8 Tropfen Tabascosauce

Insgesamt etwa 4600 kJ/1100 kcal · 3 g Eiweiß · 120 g Fett
3 g Kohlenhydrate · 4 g Ballaststoffe

Zubereitungszeit: 15 Minuten
Kühlzeit: 30 Minuten

Die Oliven klein würfeln. Die Walnüsse fein hacken. Die Butter cremig rühren und mit allen Zutaten mischen. • Die Olivenbutter etwa 30 Minuten kühlen.

Paprikabutter

im Bild vorne Mitte

1 Knoblauchzehe · 125 g weiche Butter · 1/2 Teel. Salz
1 gestrichener Eßl. edelsüßes Paprikapulver

Insgesamt etwa 4000 kJ/950 kcal
1 g Eiweiß · 100 g Fett · 2 g Kohlenhydrate · 0 g Ballaststoffe

Zubereitungszeit: 15 Minuten
Kühlzeit: 30 Minuten

Die Knoblauchzehe schälen und durch die Presse drükken. Die Butter cremig rühren, dann mit dem Knoblauch, dem Salz und dem Paprikapulver mischen. • Die Paprikabutter etwa 30 Minuten kühl stellen.

Pistazienbutter

im Bild vorne rechts

2 Eßl. Pistazienkerne
125 g weiche Butter
knapp 1/4 Teel. Salz
1 Prise Zuckerrohrgranulat

Insgesamt etwa 4700 kJ/1100 kcal · 7 g Eiweiß · 120 g Fett
7 g Kohlenhydrate · 2 g Ballaststoffe

Zubereitungszeit: 15 Minuten
Kühlzeit: 30 Minuten

Die Pistazien sehr fein hakken. Die Butter cremig rühren, dann mit den restlichen Zutaten mischen. • Die Pistazienbutter etwa 30 Minuten kühl stellen.

Senfbutter

im Bild vorne links

125 g weiche Butter
1 Eßl. scharfer Dijon-Senf
1 Eßl. Crème fraîche

Insgesamt etwa 4300 kJ/1000 kcal · 2 g Eiweiß · 110 g Fett
2 g Kohlenhydrate · 0 g Ballaststoffe

Zubereitungszeit: 5 Minuten
Kühlzeit: 30 Minuten

Die Butter cremig rühren, dann mit dem Senf und der Crème fraîche mischen. • Die Senfbutter etwa 30 Minuten kühlen.

Kräuterbutter

im Bild hinten links

1 Zwiebel · 1 Knoblauchzehe
125 g weiche Butter · 1 Eßl. Zitronensaft · 4 Eßl. gemischte Kräuter, frisch gehackt

Insgesamt etwa 4200 kJ/1000 kcal · 4 g Eiweiß · 100 g Fett
11 g Kohlenhydrate · 4 g Ballaststoffe

Zubereitungszeit: 20 Minuten
Kühlzeit: 30 Minuten

Die Zwiebel schälen und hacken, den Knoblauch schälen und durch die Presse drücken. • Die Butter cremig rühren und mit allen Zutaten vermengen. • Die Kräuterbutter etwa 30 Minuten kühl stellen.

Pikante Brotaufstriche

Sind mit Vollkornbrot ein schnelles Abendessen

Roquefortcreme mit Sherry

im Bild hinten links

250 g reifer Roquefort · 1 Eigelb
4–5 Eßl. trockener Sherry
5 Walnußkerne

Insgesamt etwa 4700 kJ/1100 kcal · 53 g Eiweiß · 90 g Fett 7 g Kohlenhydrate · 0 g Ballaststoffe

Zubereitungszeit: 10 Minuten

Den Käse mit einer Gabel zerdrücken, dann mit dem Eigelb und dem Sherry verrühren. Die Walnüsse hacken und untermischen.

Käse-Eier-Aufstrich

im Bild vorne rechts

4 Eier · 1 Eßl. weiche Butter
2 Eßl. Sahne · 1 Eßl. scharfer Dijon-Senf · 1 gestrichener Teel. edelsüßes Paprikapulver
200 g Emmentaler

Insgesamt etwa 5500 kJ/1300 kcal · 86 g Eiweiß · 110 g Fett · 3 g Kohlenhydrate 0 g Ballaststoffe

Zubereitungszeit: 25 Minuten

Die Eier in 10 Minuten hart kochen. • Dann abschrekken, schälen und halbieren. Die Eiweiße würfeln. • Die Eigelbe mit einer Gabel zerdrücken und mit der Butter und der Sahne verrühren. Den Aufstrich mit dem Senf und dem Paprikapulver abschmecken. • Den Käse klein würfeln und mit dem Eiweiß untermischen.

Schafkäseaufstrich

im Bild hinten rechts

150 g milder Schafkäse
150 g Magerquark · 1 Becher Sanoghurt (175 g) · 1 Zwiebel
2 Knoblauchzehen · 2 Eßl. eingelegter Tomatenpaprika
¼ Teel. Salz · 1 gestrichener Eßl. edelsüßes Paprikapulver
¼ Teel. Kümmel
5 Tropfen Tabascosauce

Insgesamt etwa 2700 kJ/640 kcal 49 g Eiweiß · 38 g Fett · 21 g Kohlenhydrate · 3 g Ballaststoffe

Zubereitungszeit: 15 Minuten

Den Käse mit einer Gabel zerdrücken und mit dem Quark und dem Sanoghurt verrühren. • Die Zwiebel und die Knoblauchzehen schälen und fein hacken. Den Tomatenpaprika fein würfeln. • Die zerkleinerten Zutaten unter die Käsecreme rühren. Mit dem Salz, dem Paprikapulver, dem Kümmel und dem Tabasco abschmecken.

Liptauer

im Bild vorne links

125 g Sahne · 125 g Emmentaler · 2 Zwiebeln · 1 Knoblauchzehe · 1 Bund Schnittlauch
400 g Magerquark · 1 Teel. Dijon-Senf · 1 gehäufter Eßl. edelsüßes Paprikapulver · Salz

Insgesamt etwa 5100 kJ/1200 kcal · 96 g Eiweiß · 79 g Fett 33 g Kohlenhydrate · 6 g Ballaststoffe

Zubereitungszeit: 15 Minuten

Die Sahne steif schlagen. Den Käse fein reiben. Die Zwiebeln und den Knoblauch schälen und fein hacken. Den Schnittlauch waschen, abtrocknen und in Röllchen schneiden. • Den Quark mit dem Senf und allen vorbereiteten Zutaten mischen, mit dem Paprikapulver und Salz abschmecken. Die Sahne unterziehen.

Wiener Apfelkuchen

Schmeckt am besten lauwarm mit Vanillesahne

Für den Teig:
200 g Weizen, fein gemahlen
(oder Weizenmehl Type 1700)
1 Ei · 1 Prise Salz
10 g Zuckerrohrgranulat (1 Eßl.)
1 unbehandelte Zitrone
¼ Teel. gemahlene Vanille
125 g kalte Butter
Für die Creme:
2 Eier · 1 Prise Salz
60 g Zuckerrohrgranulat
¼ Teel. gemahlene Vanille
250 g Magerquark
1 unbehandelte Zitrone
200 g Sahne
Für den Belag:
75 g Mandeln
750 g säuerliche Äpfel
75 g ungeschwefelte Rosinen
Für die Form: Butter und Mehl

Bei 12 Stücken etwa 1400 kJ/ 330 kcal · 8 g Eiweiß · 20 g Fett 31 g Kohlenhydrate · 5 g Ballaststoffe pro Stück

Vorbereitungszeit: 1¼ Stunden
Backzeit: 50 Minuten

Das Mehl auf die Arbeitsfläche schütten. In die Mitte eine Mulde drücken. Das Ei verquirlen und in die Mulde gießen. Das Salz und das Zuckerrohrgranulat auf dem Mehl verteilen. Die Zitrone heiß abwaschen, abtrocknen und die Schale abreiben. Die Zitronenschale und die Vanille ebenfalls über das Mehl streuen. Die Butter in Würfel schneiden und aus allen diesen Zutaten rasch einen Mürbeteig kneten. • Den Teig zugedeckt 30 Minuten in den Kühlschrank stellen. • Inzwischen für die Creme die Eier trennen. Die Eiweiße mit dem Salz steif schlagen. Die Eigelbe mit dem Zuckerrohrgranulat und der Vanille mit den Quirlen des Handrührgerätes cremig schlagen. Den Quark unterrühren. Die Zitrone heiß waschen, abtrocknen und die Schale abreiben. Die Sahne steif schlagen und zusammen mit dem Eischnee und der Zitronenschale vorsichtig unter die Quarkmasse heben. Die Creme ebenfalls kühl stellen. • Für den Belag die Mandeln mit kochendem Wasser überbrühen, häuten und in Stifte schneiden. Die Äpfel vierteln, vom Kerngehäuse befreien und schälen. Jedes Apfelviertel in 3 Scheiben schneiden. Die abgeriebene Zitrone auspressen und die Apfelscheiben mit dem Zitronensaft beträufeln. • Den Backofen auf 190°, den Heißluftherd auf 170° vorheizen. Eine Springform von 24 oder 26 cm ∅ mit Butter ausstreichen und mit Mehl bestäuben. • Zwei Drittel des Mürbeteiges zwischen zwei Plastikfolien, zum Beispiel aufgeschnittenen Gefrierbeuteln, ohne Mehl in der Größe des Springformbodens ausrollen. Die Form damit auslegen. Aus dem restlichen Teig eine Rolle formen und als Rand in die Springform drücken. • Den Boden etwa 10 Minuten vorbacken. • Die Apfelscheiben dachziegelartig auf dem Teigboden verteilen und mit den Mandelstiften belegen. Die Rosinen gleichmäßig darüberstreuen. Zuletzt die Quarkcreme auf die Äpfel streichen. • Den Apfelkuchen auf der mittleren Schiene des heißen Ofens etwa 50 Minuten backen. Dabei den Kuchen eventuell vor Ende der Garzeit mit Alufolie abdecken, damit die Oberfläche nicht zu dunkel wird. • Den Kuchen am besten lauwarm servieren.

Feiner Nußkuchen

Schmeckt auch mit Walnüssen oder Mandeln

250 g Butter · 200 g Haselnußkerne · 4 Eier
175 g Zuckerrohrgranulat
250 g Weizen, fein gemahlen (oder Weizenmehl Type 1700)
1 Päckchen Weinstein-Backpulver · 50 g Raspel-Schokolade
¼ Teel. Zimtpulver
¼ Teel. gemahlene Vanille
Für die Form:
Butter und Vollkornbrösel

Bei 16 Stücken etwa 1375 kJ/ 325 kcal · 6 g Eiweiß · 24 g Fett 24 g Kohlenhydrate · 3 g Ballaststoffe pro Stück

Vorbereitungszeit: 20 Minuten
Ruhezeit: 30 Minuten
Backzeit: 60–70 Minuten

Die Butter bei schwacher Hitze schmelzen lassen. Die Nüsse grob mahlen. • Die Eier mit dem Zuckerrohrgranulat mit den Quirlen des Handrührgerätes cremig schlagen. Die Butter unter ständigem Weiterrühren untermischen. Das Mehl mit dem Backpulver mischen und mit den Nüssen, der Schokolade, dem Zimt und der Vanille dazugeben. Alle Zutaten gründlich verrühren und den Teig 30 Minuten ruhen lassen. • Den Backofen auf 190°, den Heißluftherd auf 170° vorheizen. • Eine Kastenform mit Butter ausstreichen und mit Bröseln bestreuen. • Den Teig nochmals durchrühren und in die Form füllen. • Den Kuchen auf der mittleren Schiene des Ofens 60–70 Minuten backen. Dabei nach 40 Minuten eventuell mit Alufolie abdecken, damit die Oberfläche nicht zu dunkel wird. Die Stäbchenprobe machen. Wenn an einem Holzstäbchen, das man in die dickste Stelle des Kuchens sticht, keine feuchten Teigreste mehr haften, ist er fertig.

Waffeln mit Sesam

Sollten möglichst frisch gegessen werden

250 g Weizen, fein gemahlen (oder Weizenmehl Type 1700)
125 g geschälte Sesamsamen
1 Teel. Trockenbackhefe
100 g Butter · knapp ¼ l Milch
2 mittelgroße Eier
4 Eßl. flüssiger Honig
1 Prise Salz
Für das Waffeleisen: Butter

Bei 10 Stück etwa 1200 kJ/ 290 kcal · 8 g Eiweiß · 19 g Fett 23 g Kohlenhydrate · 4 g Ballaststoffe pro Stück

Vorbereitungszeit: 20 Minuten
Ruhezeit: 30 Minuten
Backzeit: 1 Stunde

Das Mehl mit 60 g Sesamsamen und der Trockenbackhefe in einer Schüssel mischen. • Die Butter bei schwacher Hitze erwärmen, bis sie flüssig ist. Die Milch ebenfalls schwach anwärmen und in die Schüssel gießen. Die Eier verquirlen und zum Mehl geben. Den Honig, das Salz und zuletzt die Butter hinzufügen und alles zu einem glatten Teig verrühren. • Den Teig etwa 30 Minuten zugedeckt bei Zimmertemperatur ruhen lassen. • Das Waffeleisen vorheizen. • Etwas Butter schmelzen lassen. Das Waffeleisen mit Butter bepinseln und mit Sesamsamen bestreuen. • Mit einer Schöpfkelle Teig einfüllen, das Waffeleisen zusammenklappen und die Waffeln jeweils etwa 6 Minuten backen. • Die Waffeln warm servieren.

Mein Tip: Besonders aromatisch schmecken die Waffeln, wenn Sie den Sesam vor der Zubereitung in einer trockenen Pfanne rösten, bis er goldbraun ist. Den Sesam vor der Zugabe zum Teig abkühlen lassen.

Linzer Torte

Schmeckt auch nach 3 Tagen noch gut

- 200 g ungeschwefelte getrocknete Aprikosen
- 200 g Haselnußkerne
- 200 g Butter
- 175 g flüssiger Honig
- 2 Eier · 1 Prise Salz
- 2 Prisen gemahlene Vanille
- ½ Teel. Zimtpulver
- ¼ Teel. gemahlene Nelken
- 1 unbehandelte Zitrone
- 300 g Weizen, fein gemahlen (oder Weizenmehl Type 1700)
- 1 gehäufter Teel. Weinstein-Backpulver · 2 Eßl. Milch
- Für die Form: Butter und Mehl
- Zum Bestreichen: 1 Eigelb
- 1 Eßl. Milch

Bei 16 Stücken etwa 1350 kJ/ 325 kcal · 6 g Eiweiß · 20 g Fett 29 g Kohlenhydrate · 5 g Ballaststoffe pro Stück

Vorbereitungszeit: 1 Stunde
Backzeit: 45 Minuten

Die Aprikosen in wenig heißem Wasser etwa 30 Minuten quellen lassen. • Die Nüsse auf ein Backblech geben und im Backofen bei 200°, im Heißluftherd bei 180°, etwa 20 Minuten rösten. Dabei das Blech ab und zu schütteln. • Die Butter bei schwacher Hitze erwärmen, bis sie flüssig ist. Dann mit dem Honig, den Eiern, dem Salz, der Vanille, dem Zimt und dem Nelkenpulver in eine Schüssel geben. Die Zitrone heiß abwaschen, abtrocknen und die Schale abreiben. Die Hälfte der Zitronenschale in die Schüssel geben. Alle diese Zutaten mit den Quirlen des Handrührgerätes in 2–3 Minuten verrühren. • Die Nüsse etwas abkühlen lassen, dann zwischen den Handflächen reiben und so die Schale entfernen. Die Nüsse dann fein reiben. • Das Mehl mit dem Backpulver mischen und mit den Nüssen unter die Teigzutaten kneten. • Den Backofen wieder auf 200°, den Heißluftherd auf 180° schalten. • Eine Springform von 24 oder 26 cm ∅ mit Butter ausstreichen und mit Mehl bestäuben. • Zwei Drittel des Teiges mit den Händen als Boden in die Springform drücken. • Den Teig mit einer Gabel mehrmals einstechen und auf der oberen Schiene des Ofens 10 Minuten vorbacken. • Inzwischen die Aprikosen im Mixer oder mit dem Pürierstab pürieren. Dabei so wenig Wasser wie möglich verwenden. • Das Aprikosenpüree mit der restlichen Zitronenschale verrühren. Man kann die Marmelade auch mit etwas Orangenlikör abschmecken. Die Marmelade auf den vorgebackenen Teigboden streichen. • Den restlichen Teig mit der Milch verrühren, so daß ein spritzbarer Teig entsteht. In einen Spritzbeutel füllen und als Teiggitter auf die Kuchenoberfläche spritzen, so wie dies für Linzer Torten typisch ist. • Das Eigelb mit der Milch verrühren und das Teiggitter vorsichtig damit bestreichen. • Die Torte auf der mittleren Schiene in 35 Minuten fertig backen. Sollte die Oberfläche dabei zu schnell dunkel werden, mit Alufolie abdecken. • Die Torte auf einem Kuchengitter auskühlen lassen.

Mein Tip: Wer es herzhafter liebt, verwendet statt Aprikosenkonfitüre Preiselbeermarmelade und schmeckt diese mit unbehandelter Orangenschale oder Orangenlikör ab.

Streuselkuchen vom Blech

Läßt sich gut tiefgefrieren

Für den Teig:
200 ccm Milch
400 g Weizen, fein gemahlen (oder Weizenmehl Type 1700)
40 g frische Hefe · 100 g Butter
1 unbehandelte Zitrone
20 g Zuckerrohrgranulat
1 Prise Salz · 1 Ei
Für den Belag:
250 g Butter
400 g Dinkel, fein gemahlen (oder Weizenmehl Type 1700)
200 g Zuckerrohrgranulat
1 gestrichener Teel. Zimtpulver
¼ Teel. gemahlene Vanille
Für das Backblech:
Backtrennpapier

Bei 20 Stücken etwa 1300 kJ/ 310 kcal · 6 g Eiweiß · 16 g Fett 37 g Kohlenhydrate · 4 g Ballaststoffe pro Stück

Vorbereitungszeit einschließlich Ruhezeit: 1 Stunde
Backzeit: 30 Minuten

Die Milch lauwarm erwärmen. Das Mehl in eine Schüssel schütten und in die Mitte eine Mulde drücken. • Die Hefe zerbröckeln und in einer Tasse mit wenig Milch verrühren. Den Vorteig in die Mehlmulde gießen, mit wenig Mehl bestäuben und zugedeckt an einem warmen, zugfreien Ort etwa 15 Minuten gehen lassen. • Inzwischen die Butter bei schwacher Hitze erwärmen, bis sie flüssig ist. Die Zitrone heiß waschen, abtrocknen und die Schale abreiben. • Die flüssige Butter auf das Mehl träufeln. Das Zuckerrohrgranulat, das Salz, das verquirlte Ei und die Zitronenschale dazugeben. Die restliche Milch angießen und alles mit den Händen oder den Knethaken des Handrührgerätes in einigen Minuten zu einem Teig verkneten. • Den Teig an einem warmen, zugfreien Ort zugedeckt 30–40 Minuten gehen lassen, bis sich sein Volumen etwa verdoppelt hat. • Inzwischen für die Streusel die Butter ins Gefrierfach stellen. • Das Mehl mit dem Zuckerrohrgranulat, dem Zimt und der Vanille vermengen. • Den Backofen auf 200°, den Heißluftherd auf 180° vorheizen. Ein Backblech mit Backtrennpapier auslegen. • Den Hefeteig noch einmal durchkneten, dann zwischen zwei Plastikfolien, zum Beispiel aufgeschnittenen Gefrierbeuteln ohne Mehl in der Größe des Backblechs ausrollen. Den Teig auf das Blech legen und noch einmal zugedeckt gehen lassen. • Inzwischen die Butter auf der Rohkostreibe auf das Mehl in die Schüssel reiben. Die Zutaten mit einer Gabel rasch vermengen und so Streusel herstellen. • Die Streusel auf dem Hefeteig verteilen. • Den Streuselkuchen auf der mittleren Schiene etwa 30 Minuten backen. • Den Streuselkuchen in 20 Stücke schneiden und auf einem Kuchengitter auskühlen lassen. Den Kuchen möglichst frisch servieren.

Mein Tip: Der Streuselkuchen läßt sich gut tiefgefrieren. Die gefrorenen Stücke dann bei 150° (Heißluft 130°) 8–10 Minuten aufbacken.

Rosinenzopf oder Osterfladen

Läßt sich auch mit Weizenvollkornmehl zubereiten

etwa 150 ccm Milch
500 g Dinkel, fein gemahlen
40 g frische Hefe
100 g ungeschwefelte Rosinen
100 g Butter · ½ unbehandelte Zitrone · 1 Prise Salz · 2 Eier
3 Eßl. flüssiger Honig
¼ Teel. gemahlene Vanille
Zum Bestreichen:
1 Eigelb und 1 Eßl. Milch oder 1 Eßl. Ahornsirup und 1 Eßl. Wasser
Zum Bestreuen:
25 g Mandelblättchen
Für das Backblech:
Backtrennpapier

Bei 20 Scheiben etwa 700 kJ/ 165 kcal · 5 g Eiweiß · 7 g Fett 22 g Kohlenhydrate · 1 g Ballaststoffe pro Stück

Vorbereitungszeit: 30 Minuten
Ruhezeit: 30 Minuten
Fertigstellung: 30 Minuten
Backzeit: 45 Minuten

Die Milch lauwarm erwärmen. Das Mehl in eine Schüssel schütten und in die Mitte eine Mulde drücken. Die Hefe zerbröckeln, in einer Tasse mit etwas Milch verrühren und in die Mulde gießen. Den Vorteig mit wenig Mehl bestäuben und zugedeckt an einem warmen, zugfreien Ort etwa 15 Minuten gehen lassen, bis sich Bläschen bilden. • Inzwischen die Rosinen mit heißem Wasser übergießen und etwa 10 Minuten quellen lassen. Dann abtropfen lassen. Die Butter bei schwacher Hitze schmelzen. Die Zitrone heiß waschen, abtrocknen und die Schale abreiben. • Das Salz auf das Mehl in die Schüssel streuen. Die Rosinen, die Zitronenschale und die flüssige Butter hinzufügen. Die Eier verquirlen und mit dem Honig, der Vanille und der restlichen Milch in die Teigschüssel geben. Aus diesen Zutaten mit den Händen oder den Knethaken des Handrührgerätes einen Teig kneten und einige Minuten kräftig bearbeiten. Die Konsistenz sollte so feucht wie möglich, der Teig aber noch formbar sein. • Den Teig an einem warmen, zugfreien Ort zugedeckt noch einmal etwa 30 Minuten gehen lassen, bis sich sein Volumen verdoppelt hat. • Den Teig dann mit den Händen auf der bemehlten Arbeitsfläche noch einmal durchkneten. Für den Zopf den Teig in 3 gleich große Stücke teilen und diese jeweils zu einer Rolle formen. Aus den Rollen einen Zopf flechten. Das Eigelb mit der Milch verquirlen und den Zopf damit bestreichen. Die Mandelblättchen daraufstreuen. • Oder für die Osterfladen den Teig halbieren und jeweils zu einem runden Laib formen. Die Oberfläche mit einem angefeuchteten scharfen Messer gitterförmig einschneiden. Den Sirup mit dem Wasser verrühren und die Fladen damit bestreichen. Dadurch wird die Oberfläche schön glänzend. • Den Rosinenzopf oder die Osterfladen nochmals 10 Minuten gehen lassen. • Den Backofen auf 210°, den Heißluftherd auf 190° vorheizen. Ein Backblech mit Backtrennpapier auslegen. • Den Rosinenzopf oder die Osterfladen auf das Backblech legen und im Ofen auf der mittleren Schiene etwa 45 Minuten backen. Die Stäbchenprobe machen. Wenn an einem Holzstäbchen, das man in die dickste Stelle der Teigstücke steckt, keine feuchten Teigreste mehr haften, sind die Kuchen fertig. • Den Rosinenzopf oder die Osterfladen auf einem Kuchengitter auskühlen lassen.

Mandel-Lebkuchen

Schmecken nach 3 Tagen am besten

175 g Mandeln · 175 g Zitronat im Stück · 175 g Orangeat im Stück · 175 g ungeschwefelte Rosinen · 4–5 Eßl. Rum · 125 g weiche Butter · 250 g flüssiger Honig · 4 Eier · 400 g Weizen, fein gemahlen (oder Weizenmehl Type 1700) · ½ Teel. gemahlene Vanille · 2 gehäufte Teel. Zimtpulver · ¼ Teel. Piment · 1 Päckchen Weinstein-Backpulver · 2 Eßl. Kakaopulver

Für das Backblech:
Backtrennpapier

Zum Bestreichen und Bestreuen:
1 Eigelb · 1 Eßl. Milch
25 g Mandelblättchen

Bei 20 Stücken etwa 1300 kJ/ 310 kcal · 6 g Eiweiß · 25 g Fett 41 g Kohlenhydrate · 4 g Ballaststoffe pro Stück

Vorbereitungszeit: 30 Minuten
Ruhezeit: 30 Minuten
Backzeit: 25–30 Minuten

Die Mandeln mit kochendem Wasser überbrühen, häuten und fein reiben. Das Zitronat und das Orangeat klein würfeln. • Die Rosinen mit dem Rum beträufeln und 15 Minuten ziehen lassen. • Die Butter bei schwacher Hitze schmelzen, dann mit dem Honig verrühren. Die Eier verquirlen und mit den Rosinen unterrühren. Das Mehl mit der Vanille, dem Zimt, dem Piment, dem Backpulver und dem Kakao mischen. Diese Zutaten gründlich mit der Honigmasse verrühren. • Den Teig 30 Minuten zugedeckt ruhen lassen. • Den Backofen auf 190°, den Heißluftherd auf 170° vorheizen. Ein Backblech mit Backtrennpapier auskleiden. • Den Teig mit einem in kaltes Wasser getauchten Teigschaber gleichmäßig auf dem Backtrennpapier verstreichen. • Das Eigelb mit der Milch verquirlen und den Teig damit bestreichen. Die Mandelblättchen darüberstreuen. • Die Teigplatte auf der oberen Schiene des Ofens 25–30 Minuten backen. Dann etwas abkühlen lassen, aber noch warm in Stücke schneiden.

Aachener Printen

In Blechdosen aufbewahren

75 g ungeschwefelte Rosinen
Rum oder Wasser
75 g Zitronat im Stück
75 g Orangeat im Stück
500 g Weizen, fein gemahlen (oder Weizenmehl Type 1700)
1 gehäufter Eßl. Lebkuchengewürz · 400 g Zuckerrübensirup · 15 g Natron
Zum Bestreichen und Bestreuen:
2 Eßl. Zuckerrübensirup
50 g Mandelblättchen
Für das Backblech:
Backtrennpapier

Bei 30 Stücken etwa 570 kJ/ 140 kcal · 2 g Eiweiß · 5 g Fett 29 g Kohlenhydrate 2 g Ballaststoffe pro Stück

Vorbereitungszeit: 30 Minuten
Ruhezeit: 3 Stunden
Backzeit: 15 Minuten

Die Rosinen mit so viel Rum oder Wasser übergießen, daß sie davon bedeckt sind. Erwärmen und 15 Minuten quellen lassen. • Das Zitronat und das Orangeat sehr fein würfeln. Das Mehl mit dem Lebkuchengewürz und dem Sirup verrühren. Das Natron in wenig Wasser lösen und untermengen. • Die Rosinen abtropfen lassen und mit dem Zitronat und dem Orangeat unter den Teig mischen. • Den Teig 3 Stunden im Kühlschrank ruhen lassen. • Den Backofen auf 190°, den Heißluftherd auf 170° vorheizen. • Den Teig halbieren. Jede Hälfte zwischen zwei Folien knapp 1 cm dick ausrollen. Mit einem Teigrädchen in Streifen von 2½ × 7 cm Größe schneiden. • Den Zuckerrübensirup mit wenig heißem Wasser verrühren. Die Teigstreifen damit bestreichen und mit den Mandelblättchen bestreuen. • Ein Backblech mit Backtrennpapier auslegen. Die Printen daraufgeben und 15 Minuten auf der oberen Schiene backen.

Basler Leckerli mit Rum

Schmecken nicht nur zur Weihnachtszeit

200 g Honig · 200 g Zuckerrübensirup · 150 g Zitronat im Stück · 150 g Orangeat im Stück · 100 g ungeschwefelte Rosinen · 150 ccm Rum · 300 g Mandeln · 300 g Weizen, fein gemahlen (oder Weizenmehl Type 1700) · 1 gehäufter Teel. Zimtpulver · ¼ Teel. gemahlene Nelken · ¼ Teel. Piment
1 gehäufter Eßl. Pottasche
Für das Backblech:
Backtrennpapier
Für die Glasur:
3 Eßl. Honig · 3 Eßl. Zitronensaft

Bei 52 Stücken etwa 460 kJ/ 110 kcal · 2 g Eiweiß · 7 g Fett · 17 g Kohlenhydrate · 1 g Ballaststoffe

Vorbereitungszeit: 1 Stunde
Ruhezeit: 30 Minuten
Backzeit: 20–25 Minuten

Den Honig und den Sirup erwärmen und wieder erkalten lassen. • Das Zitronat und das Orangeat durch den Fleischwolf drehen oder fein würfeln. Zusammen mit den Rosinen mit dem Rum beträufeln und zugedeckt 15 Minuten ziehen lassen. • Die Mandeln fein hacken. Das Mehl mit dem Zimt, dem Nelkenpulver und dem Piment vermischen. Die Pottasche in wenig warmem Wasser lösen. • Aus allen diesen Zutaten einen Teig kneten und 30 Minuten zugedeckt bei Zimmertemperatur ruhen lassen. • Den Backofen auf 190°, den Heißluftherd auf 170° vorheizen. Ein Backblech mit Backtrennpapier auslegen. • Den Teig mit einem angefeuchteten Teigschaber gleichmäßig auf dem Papier verstreichen und auf der mittleren Schiene 20–25 Minuten backen. • Den Honig mit dem Zitronensaft bei mittlerer Hitze einköcheln lassen. Das noch warme Gebäck damit bestreichen. Dann in Streifen von 6 × 2 cm Größe schneiden.

Vanillekipferl aus Buchweizen

Schmecken besonders zart

100 g Mandeln · 250 g Buchweizen, fein gemahlen · 1 Ei
100 g flüssiger Blütenhonig
1 gehäufter Teel. gemahlene Vanille · 150 g kalte Butter
Für das Backblech: Backtrennpapier

Bei 75 Stücken etwa 160 kJ/ 40 kcal · 1 g Eiweiß · 2 g Fett 4 g Kohlenhydrate · 0,2 g Ballaststoffe pro Stück

Vorbereitungszeit: 30 Minuten
Ruhezeit: 1 Stunde
Backzeit: 8 Minuten

Die Mandeln mit kochendem Wasser übergießen und 1–2 Minuten darin ziehen lassen. Dann abgießen, häuten und mit Küchenpapier abtrocknen. Die Mandeln fein mahlen. • Das Mehl auf die Arbeitsfläche geben und in die Mitte eine Mulde drücken. Das Ei verquirlen und in die Mulde gießen. Den Honig, die Mandeln und die Vanille über dem Mehl verteilen. Die Butter in Würfel schneiden und dazugeben. • Aus allen diesen Zutaten rasch einen glatten Teig kneten und 1 Stunde zugedeckt kühl stellen. • Den Backofen auf 175°, den Heißluftherd auf 165° vorheizen. Ein Backblech mit Backtrennpapier auskleiden. • Den Teig portionsweise verarbeiten. Jeweils Kipferl daraus formen, auf das Backblech legen und auf der mittleren Schiene des Ofens etwa 8 Minuten backen. Dabei darauf achten, daß sie nicht zu dunkel werden.

Mein Tip: Auch beim Heißluftherd immer nur ein Backblech in den Ofen schieben. Die Kipferl auf dem oberen Blech würden zu schnell dunkel werden.

Lebkuchen aus Kartoffelteig

Die Kartoffeln werden bereits am Vortag gegart

600 g gegarte mehligkochende Kartoffeln · 200 g Mandeln
50 g Zitronat im Stück
50 g Orangeat im Stück
2 Eier · 450 g flüssiger Honig
175 g Weizen, fein gemahlen (oder Weizenmehl Type 1700)
1 Päckchen Weinstein-Backpulver · 1 gestrichener Eßl. Zimtpulver · ½ Teel. gemahlene Nelken · 100 g halbbittere Kuvertüre · 35 Oblaten

Bei 35 Stücken etwa 540 kJ/ 135 kcal · 2 g Eiweiß · 6 g Fett 20 g Kohlenhydrate · 2 g Ballaststoffe pro Stück

Vorbereitungszeit: 1 Stunde
Ruhezeit: 30 Minuten
Backzeit: 15–20 Minuten
Fertigstellung: 15 Minuten

Die Kartoffeln schälen und fein reiben. 500 g abwiegen. Die Mandeln fein reiben. Das Zitronat und das Orangeat durch die mittlere Scheibe des Fleischwolfs drehen oder sehr fein würfeln. • Die Eier mit dem Honig schaumig rühren. Das Mehl mit dem Backpulver, dem Zimt und den Nelken mischen und abwechselnd mit den Kartoffeln unter die Eiermasse rühren. Die Mandeln, das Zitronat und das Orangeat untermengen. • Den Teig bei Zimmertemperatur 30 Minuten ruhen lassen. • Die Kuvertüre zerkleinern und im Wasserbad schmelzen lassen. Dann abkühlen. • Den Backofen auf 190°, den Heißluftherd auf 170° vorheizen. • Den Teig auf Oblaten streichen, dabei in der Mitte etwas erhöhen. Die Lebkuchen auf der mittleren Schiene des Ofens 15–20 Minuten backen, dann auskühlen lassen. • Die Schokolade noch einmal schmelzen und die Lebkuchen in schmalen Streifen damit verzieren. • Kühl aufbewahren.

Fruchtmakronen

Lassen sich auch mit anderen Trockenfrüchten zubereiten

150 g halbbittere Kuvertüre	
100 g getrocknete ungeschwefelte Aprikosen	
1 unbehandelte Orange	
1 Prise gemahlener Ingwer	
75 g Kokosflocken · 100 g Butter	
75 g flüssiger Blütenhonig	
1 Prise Salz · 2 kleine Eier	
150 g Weizen, fein gemahlen (oder Weizenmehl Type 1700)	
Für das Backblech: Backtrennpapier	

Bei 50 Stücken etwa 240 kJ/ 60 kcal · 1 g Eiweiß · 3 g Fett 7 g Kohlenhydrate · 1 g Ballaststoffe pro Stück

Vorbereitungszeit: 1½ Stunden
Backzeit: 15–20 Minuten
Trockenzeit: 3 Stunden

Ein Wasserbad erhitzen. Die Kuvertüre grob zerkleinern, in einen hohen Rührbecher geben und im Wasserbad schmelzen. Dann abkühlen lassen. • Die Aprikosen durch die mittlere Scheibe des Fleischwolfs drehen oder sehr fein würfeln. Getrocknete Wildaprikosen sind oft so hart, daß sie vor dem Zerkleinern 10 Minuten in heißem Orangensaft quellen müssen. • Die Orange heiß waschen, abtrocknen und die Schale abreiben. Die Orange dann auspressen. Den Saft und die Schale mit den Aprikosen und dem Ingwer verrühren und erhitzen, jedoch nicht kochen. Dann wieder abkühlen lassen. • Die Kokosflocken in einer trockenen Pfanne unter ständigem Wenden goldbraun rösten, dann ebenfalls abkühlen lassen. • Den Backofen auf 190°, den Heißluftherd auf 170° vorheizen. Ein Backblech mit Backtrennpapier auslegen. • Die Butter bei schwacher Hitze erwärmen, bis sie flüssig ist. Dann mit dem Honig, dem Salz und den Eiern verrühren. Das Mehl untermengen. Die Aprikosen und die Kokosflocken dazugeben und alles zu einem Teig verrühren. • Den Teig portionsweise in einen Spritzbeutel mit großer Tülle füllen. • Makronen auf das Blech spritzen und auf der oberen Schiene des Ofens je nach Größe 15–20 Minuten backen, bis sie goldbraun sind. • Im Heißluftherd können Sie auf zwei Blechen gleichzeitig Makronen backen. Dabei die Bleche nach der Hälfte der Zeit austauschen. • Inzwischen das Wasserbad noch einmal erhitzen und die Kuvertüre schmelzen. Dadurch bekommt sie mehr Glanz. • Die Makronen auf einem Kuchengitter abkühlen lassen, dann mit den Unterseiten in die Kuvertüre tauchen und auf Backtrennpapier etwa 1½ Stunden trocknen lassen. Dann die Spitzen in die nochmals erwärmte Kuvertüre tauchen und ebenfalls trocknen lassen.

Mein Tip: Damit Sie die Makronen mit dem Spritzbeutel formen können, müssen die Aprikosen wirklich sehr fein zerkleinert werden, sonst verstopft die Tülle des Spritzbeutels. Sie können die Makronen jedoch auch von Hand formen. Dazu den Teig mit zwei in kaltes Wasser getauchten Kaffeelöffeln formen und die Spitze etwas hochziehen.

Mein Tip: Zum Aufbewahren und Verschenken eignen sich Pralinentütchen, die es in verschiedenen Farben zu kaufen gibt.

Nürnberger Kletzenbrot

4 Wecken: für jeden Adventssonntag einen

500 g ungeschwefelte Hutzelbirnen · etwa 1 l Wasser
500 g ungeschwefelte Dörrpflaumen ohne Stein · 500 g getrocknete ungeschwefelte Feigen · 500 g ungeschwefelte Rosinen · 500 g Korinthen
250 g Mandeln · 250 g Haselnußkerne · 125 g Zitronat im Stück · 125 g Orangeat im Stück · 500 g Weizen (oder Weizenmehl Type 1700)
1 Teel. Anis · 60 g frische Hefe
100 g flüssiger Honig
1 gestrichener Eßl. Zimtpulver
½ Teel. gemahlene Nelken
2 Prisen Salz · etwa 70 ccm Zwetschgen- oder Birnengeist oder Apfelsaft
Für das Backblech:
Backtrennpapier
Zum Verzieren:
etwa 30 Mandeln
kandierte Früchte

Bei 4 Wecken etwa 13 000 kJ/ 3100 kcal · 56 g Eiweiß
130 g Fett · 510 g Kohlenhydrate
80 g Ballaststoffe pro Wecken

Quellzeit: über Nacht
Vorbereitungszeit: 3 Stunden
Backzeit: 40–50 Minuten
Ruhezeit: mindestens 3 Tage

Die Birnen über Nacht in dem Wasser einweichen. • Am nächsten Tag mit dem Wasser zum Kochen bringen. • Die Trockenfrüchte in eine Schüssel geben. Die Birnen mit dem Einweichwasser darübergießen und alles etwa 15 Minuten quellen lassen, bis sich die Früchte vollgesogen haben. • Inzwischen die Mandeln und die Haselnüsse grob hacken. Das Zitronat und das Orangeat klein würfeln. • Die Früchte abgießen und das Einweichwasser dabei auffangen. • Den Weizen mit dem Anis in der Getreidemühle fein mahlen. • Das Mehl in eine Schüssel geben und in die Mitte eine Mulde drücken. Die Hefe zerbröckeln und in einer Tasse mit wenig Einweichwasser verrühren. In die Mulde gießen, mit etwas Mehl bestäuben und zugedeckt an einem warmen Ort etwa 15 Minuten gehen lassen. • Dann den Honig über das Mehl träufeln. Den Zimt, die Nelken und das Salz darüberstreuen. Den Obstgeist oder den Apfelsaft und etwa 200 ccm Einweichwasser dazugießen, aus allen diesen Zutaten einen glatten Teig kneten und einige Minuten kräftig bearbeiten. Es soll ein schwerer Teig entstehen. • Den Teig zugedeckt etwa 45 Minuten an einem warmen Ort gehen lassen, bis sich sein Volumen verdoppelt hat. • Inzwischen die Birnen, die Pflaumen und die Feigen in Würfel schneiden. • Die Früchte, die Rosinen und die Korinthen, die Haselnüsse und die Mandeln sowie das Zitronat und das Orangeat unter den aufgegangenen Teig kneten. Das gelingt am besten mit den Händen. • Den Teig nochmals zugedeckt 30 Minuten gehen lassen. • Den Backofen auf 200°, den Heißluftherd auf 180° vorheizen. • Die Mandeln mit kochendem Wasser überbrühen, häuten und der Länge nach halbieren. • Den Teig vierteln und jeweils zu einem Wecken formen. Mit Einweichwasser bestreichen und mit kandierten Früchten und den Mandeln verzieren. • Ein Backblech mit Backtrennpapier auslegen. • Die Wecken darauflegen und auf der mittleren Schiene 40–50 Minuten backen. Eventuell vor Ende der Backzeit mit Alufolie abdecken, damit die Oberfläche nicht zu dunkel wird. • Die Wecken noch heiß mit Einweichwasser bestreichen und auf einem Kuchengitter auskühlen lassen. • Das Kletzenbrot mindestens 3 Tage durchziehen lassen. In Pergament gewickelt kühl aufbewahren.

Süßspeisen und Desserts

Der süße Abschluß eines Menüs muß auch in der vegetarischen Küche nicht fehlen. Mit naturbelassenen Zutaten sind die Gerichte in diesem Kapitel ein Genuß, den Sie ohne Reue genießen können. Sie finden zeitlich aufwendigere Gerichte wie Apfelstrudel, den Sie auch einmal als Hauptgericht oder zum Kaffee servieren können, sowie leichte Desserts wie Apfelsalat mit Kokosflocken oder Erdbeereis mit Honig, die einfach zuzubereiten sind und auch Kochanfängern problemlos gelingen. Das Rezept für Rotweinbirnen mit Honigsahne finden Sie auf Seite 102.

Grießauflauf mit Birnen und Preiselbeeren

Kann man auch mit Johannisbeeren zubereiten

Zutaten für 4–8 Personen:
150 g Preiselbeeren
125 g Zuckerrohrgranulat
etwa 700 g reife Birnen
1 Zimtstange · 2 Gewürznelken
3 Eier · 75 g Butter
¼ Teel. gemahlene Vanille
150 g Sahne · 1 unbehandelte
Zitrone · 500 g Magerquark
75 g Vollweizengrieß
30 g Mandelblättchen
Für die Form: Butter

Bei 8 Portionen etwa 1600 kJ/ 380 kcal · 14 g Eiweiß · 18 g Fett 40 g Kohlenhydrate · 4 g Ballaststoffe pro Person

Vorbereitungszeit: 50 Minuten
Backzeit: 45 Minuten

Die Preiselbeeren mit 25 g Zuckerrohrgranulat verrühren, erhitzen und zugedeckt 10 Minuten bei mittlerer Hitze köcheln lassen, dabei häufig umrühren. • Die Birnen längs halbieren, vom Kerngehäuse befreien und schälen. In einen Topf legen, etwa ½ cm hoch Wasser angießen. Die Zimtstange und die Gewürznelken dazugeben und die Birnen bei schwacher Hitze weich dünsten, aber nicht zerfallen lassen. • Die Eier trennen. Die Eiweiße steif schlagen. Die Eigelbe mit dem restlichen Zuckerrohrgranulat cremig rühren. • Die Butter schmelzen lassen. Dann mit der Eiercreme und der Vanille verrühren. • Die Sahne steif schlagen. Die Zitrone heiß waschen, abtrocknen und die Schale abreiben. Die Schale mit dem Quark verrühren und die Sahne unterheben. • Den Grieß mit der Eiercreme verrühren, den Sahnequark und zuletzt den Eischnee unterheben. • Den Backofen auf 200°, den Heißluftherd auf 180° vorheizen. Eine Auflaufform mit Butter ausstreichen. • Die Hälfte des Teiges einfüllen. Die Preiselbeeren in die Vertiefung der Birnen füllen und diese auf den Teig legen. Den restlichen Teig darüberstreichen. • Den Auflauf mit den Mandelblättchen bestreuen und auf der mittleren Schiene in etwa 45 Minuten hellbraun backen.

Grießauflauf mit Rosinen

Mit Kompott eine sättigende Mahlzeit

Zutaten für 6 Personen:
125 g ungeschwefelte Rosinen
¾ l Milch · 75 g Butter · 1 Prise Salz · 125 g Vollweizengrieß
4 große Eier · 4 Eßl. Honig
1 unbehandelte Zitrone
¼ Teel. gemahlene Vanille
Für die Form: Butter

Pro Person etwa 1700 kJ/400 kcal
11 g Eiweiß · 20 g Fett · 42 g Kohlenhydrate · 2 g Ballaststoffe

Vorbereitungszeit: 30 Minuten
Backzeit: 45 Minuten

Die Rosinen mit heißem Wasser bedecken und 15 Minuten quellen lassen. • Einen Milchtopf kalt ausspülen. Die Milch mit der Butter und dem Salz hineingeben und zum Kochen bringen. Den Grieß unter ständigem Rühren einstreuen und einige Male aufkochen lassen. • Den Backofen auf 185°, den Heißluftherd auf 175° vorheizen. • Die Eier trennen. Die Eiweiße steif schlagen. Die Eigelbe mit dem Honig unter den etwas abgekühlten Grießbrei rühren. • Die Zitrone heiß waschen, abtrocknen und die Schale abreiben. • Die Rosinen abtropfen lassen und mit der Zitronenschale und der Vanille unter den Grießbrei rühren. Den Eischnee vorsichtig unterheben. • Eine Auflaufform mit Butter ausstreichen. • Den Teig in die Form füllen und auf der mittleren Schiene des Ofens etwa 45 Minuten backen, bis die Oberfläche hellbraun ist. • Den Auflauf ofenwarm servieren. • Dazu paßt Apfelmus, Birnen- oder Preiselbeerkompott oder gekochte Trockenfrüchte.

Quarkauflauf mit Äpfeln

Schmeckt auch mit Birnen, Sauerkirschen oder Zwetschgen

20 g ungeschwefelte Rosinen
2–3 Eßl. Rum, ersatzweise naturtrüber Apfelsaft
1 unbehandelte Zitrone
500 g säuerliche Äpfel
1 Eßl. Haselnußkerne
3 Eier · 1 Prise Salz
3–4 Eßl. flüssiger Honig
300 g Magerquark
30 g Hirseflocken
Für die Form: Butter

Pro Person etwa 1300 kJ/310 kcal
17 g Eiweiß · 9 g Fett · 35 g Kohlenhydrate · 5 g Ballaststoffe

Vorbereitungszeit: 40 Minuten
Backzeit: 1 Stunde

Die Rosinen mit dem Rum oder dem Apfelsaft erwärmen und 15 Minuten quellen lassen. • Die Zitrone heiß waschen, abtrocknen und die Schale abreiben. Die Zitrone dann auspressen. Die Äpfel vierteln, schälen, vom Kerngehäuse befreien und in Scheibchen schneiden. Sofort mit dem Zitronensaft beträufeln. Die Nüsse grob hacken. Die Eier trennen. Die Eiweiße mit dem Salz steif schlagen. • Den Backofen auf 200°, den Heißluftherd auf 180° vorheizen. • Die Eigelbe mit dem Honig cremig rühren, dann den Quark und die Hirseflocken untermischen. Die Rosinen, die Zitronenschale und die Äpfel ebenfalls untermengen, dann den Eischnee vorsichtig unterziehen. • Eine Auflaufform mit Butter ausstreichen. • Den Teig in die Form füllen und mit den Nüssen bestreuen. • Den Quarkauflauf auf der mittleren Schiene des Ofens etwa 1 Stunde backen. Dabei eventuell nach 45 Minuten mit Alufolie abdecken, damit die Oberfläche nicht zu dunkel wird. • Den Auflauf ofenwarm servieren.

Apfelstrudel

Schmeckt mit Vollkornmehl besonders herzhaft

Für den Teig:
50 g Butter · 1 Ei
1 Eßl. Obstessig · 1 Prise Salz
250 g Weizen, fein gemahlen
(oder Weizenmehl Type 1700)
5–6 Eßl. lauwarmes Wasser
1 Eßl. Öl
Für die Füllung:
700 g säuerliche Äpfel
Saft von ½ Zitrone
50 g Mandeln
200 g Crème fraîche
100 g ungeschwefelte Rosinen
4–6 Eßl. Ahornsirup
1 Teel. Zimtpulver
½ Teel. gemahlene Vanille
Für die Form und zum Belegen:
25 g Butter
Zum Bestreichen: 100 g Sahne

Bei 16 Stücken etwa 940 kJ/ 225 kcal · 4 g Eiweiß · 13 g Fett 23 g Kohlenhydrate · 4 g Ballaststoffe

Vorbereitungszeit: 1¼ Stunden
Backzeit: 45 Minuten

Eine Schüssel vorwärmen. • Die Butter bei schwacher Hitze erwärmen, bis sie flüssig ist. Dann mit dem verquirlten Ei, dem Essig und dem Salz verrühren. Das Mehl und das Wasser dazugeben und aus allen diesen Zutaten einen glatten, festen Teig kneten. Den Teig zu einer Kugel formen, mit dem Öl bestreichen und in der Schüssel zugedeckt 30 Minuten ruhen lassen. • Inzwischen für die Füllung die Äpfel vierteln, vom Kerngehäuse befreien und schälen. Die Viertel in dünne Scheiben schneiden und mit dem Zitronensaft beträufeln, damit sich das Fruchtfleisch nicht verfärbt. Die Mandeln mit kochendem Wasser überbrühen, häuten und in Stifte schneiden. • Den Strudelteig halbieren. Jedes Teigstück zwischen zwei Plastikfolien, zum Beispiel aufgeschnittenen Gefrierbeuteln, ohne Mehl so dünn wie möglich zu einem Rechteck ausrollen. • Das Teigstück auf der Folie liegen lassen, mit 100 g Crème fraîche bestreichen und mit der Hälfte der Apfelscheiben belegen. Mit der Hälfte der Mandelstifte und der Rosinen bestreuen. Die Füllung mit 2–3 Eßlöffeln Ahornsirup beträufeln und mit der Hälfte des Zimtpulvers und der Vanille bestreuen. • Den Backofen auf 210°, den Heißluftherd auf 190° vorheizen. Eine längliche Auflaufform mit Butter ausstreichen. • Den Strudel von der Längsseite her mit Hilfe der Folie aufrollen und in die Auflaufform legen. Dann den restlichen Teig ebenso ausrollen, füllen, aufrollen und in die Form geben. Die beiden Strudel mit Sahne bestreichen und mit der restlichen Butter in Flöckchen belegen. • Die Strudel auf der mittleren Schiene des Ofens 45 Minuten backen, dabei noch zwei- oder dreimal mit der restlichen Sahne bestreichen.
• Jeden Strudel in 8 Stücke teilen und ofenwarm, zum Beispiel mit Vanillesauce (Rezept Seite 105) servieren. • Oder die Strudel auskühlen lassen und eventuell mit Vanilleeis und Schlagsahne servieren.

<u>Mein Tip:</u> Statt mit Sahne können Sie die Strudel auch mit ½ l heißer Milch begießen. Die Strudel lassen sich gut tiefgefrieren. Sie können sie entweder vor oder nach dem Backen einfrieren. In letzterem Fall sollten Sie die Strudel nur 30 Minuten backen und nach dem Auftauen fertig backen.

Brotpudding mit Rotwein und Fruchtpüree

Der Pudding ist wegen seines Alkoholgehaltes für Kinder ungeeignet

Zutaten für 6–8 Personen:

Für den Pudding:
- 1 dicke Scheibe Vollkornbrot (etwa 80 g) · etwa 150 ccm trockener Rotwein
- 80 g ungeschwefelte Rosinen
- Rum · 3 Eier · 75 g Mandeln
- 1 unbehandelte Zitrone
- 50 g Butter · 2 Eßl. flüssiger Honig · 1 gestrichener Teel. Zimtpulver · 1 Prise gemahlene Nelken

Für die Form:
- Butter und Vollkornbrösel

Für das Püree:
- 300 g frische oder tiefgefrorene Erdbeeren oder Himbeeren
- 1–2 Eßl. Honig
- 2 Prisen gemahlene Vanille
- eventuell 1 Eßl. Zitronensaft

Bei 8 Portionen etwa 975 kJ/240 kcal · 6 g Eiweiß · 14 g Fett 18 g Kohlenhydrate · 3 g Ballaststoffe

Vorbereitungszeit: 45 Minuten
Garzeit: 30 Minuten

Das Brot in Würfel schneiden und mit dem Rotwein übergießen, dann 15 Minuten ziehen lassen. Die Rosinen mit so viel Rum in einen Topf geben, daß sie davon bedeckt sind, und leicht erwärmen. Dann ebenfalls quellen lassen. • Die Eier trennen. Die Eiweiße steif schlagen. Die Mandeln mit der Schale fein reiben. Die Zitrone heiß abwaschen, abtrocknen und die Schale abreiben. • Für ein Wasserbad in einem Topf Wasser zum Kochen bringen. Eine Puddingform gründlich mit Butter ausstreichen und mit Vollkornbröseln ausstreuen, damit sich der Pudding nach dem Garen aus der Form stürzen läßt. • Die Butter bei schwacher Hitze schmelzen lassen. Dann mit dem Honig und den Eigelben mit den Quirlen des Handrührgerätes cremig rühren. Das Brot mit einer Gabel zerdrücken und unter die Eiercreme rühren. Die Rumrosinen und die Mandeln ebenfalls untermischen. Den Puddingteig mit dem Zimt, den Nelken und der Zitronenschale abschmecken. Zuletzt den Eischnee vorsichtig unterziehen. • Den Teig in die Puddingform füllen. Die Form darf höchstens zu drei Viertel gefüllt sein. Den Deckel schließen und den Pudding 30 Minuten im Wasserbad garen. Dabei soll das Wasser etwas höher stehen als der Teig in der Puddingform und leicht köcheln. • Inzwischen für das Püree die Erdbeeren waschen, abtropfen lassen und die Stiele abzupfen. Oder die Himbeeren verlesen. Tiefgefrorene Beeren auftauen lassen. Die Erdbeeren mit dem Honig, der Vanille und dem Zitronensaft pürieren. Oder die Himbeeren mit dem Honig und der Vanille ohne den Zitronensaft prürieren. Falls Sie keinen Mixer besitzen, die Früchte mit einer Gabel zerdrücken und dann mit den restlichen Zutaten verrühren. Das Himbeerpüree zusätzlich durch ein Sieb streichen. • Den Pudding aus dem Wasserbad nehmen und 5 Minuten in der Form stehenlassen. Dann auf eine Glasplatte stürzen, mit dem Beerenpüree begießen und sofort servieren.

Mein Tip: Wenn Sie keine Puddingform besitzen, können Sie den Teig auch in einer mit Butter ausgestrichenen Auflaufform im Backofen bei 190° (Heißluftherd 170°) garen. Nach etwa 30 Minuten die Stäbchenprobe machen.

Rotweinbirnen mit Honigsahne

Schmeckt auch mit frischen Feigen sehr gut

Zutaten für 2–4 Personen:
2 Birnen · trockener Rotwein
½ Zimtstange · 2 Gewürznelken
200 g Sahne
1 Eßl. flüssiger Honig
1 Prise gemahlene Vanille
1 Teel. Pistazienkerne
½ Teel. gemahlener Ingwer

Bei 4 Portionen etwa 1000 kJ/ 240 kcal · 2 g Eiweiß · 17 g Fett 13 g Kohlenhydrate · 2 g Ballaststoffe

Zubereitungszeit: 30 Minuten

Die Birnen längs halbieren, dabei den Stiel an einer Fruchthälfte lassen. Die Hälften schälen und das Kerngehäuse entfernen. • Die Früchte in einen ausreichend großen Topf nebeneinander legen und mit so viel Rotwein begießen, daß sie gerade davon bedeckt sind. Die Zimtstange und die Gewürznelken dazugeben. Die Birnen bei schwacher Hitze zugedeckt garen, bis sie weich, aber nicht zerfallen sind. • Die Birnen aus dem Weinsud heben, in zwei oder vier Portionsschälchen legen und abkühlen lassen. • Die Sahne steif schlagen. Den Honig unter Weiterschlagen langsam zufließen lassen, dann die Vanille unterrühren. • Die Birnen mit der Sahne überziehen. Die Pistazien fein hacken und darüberstreuen. Dann mit dem Ingwer überpudern.

Mein Tip: Der übrig gebliebene Rotwein eignet sich zur Herstellung eines Fruchtpunsches. Dazu ¼ l Maracuja-Tee mit dem Wein aufkochen und mit Honig süßen. Mit 1 Zitronenscheibe servieren.
Feigen lassen sich nach demselben Rezept zubereiten. Dazu die Feigen waschen, halbieren und etwa 5 Minuten im Rotwein dünsten.

Himbeer-Rotwein-Süppchen mit Schneenockerln

Für Kinder mit rotem Fruchtsaft zubereiten

Zutaten für 4–6 Personen:
300 g frische oder tiefgefrorene Himbeeren · ⅛ l trockener Rotwein · 3 Eßl. Honig
1 Eßl. Pistazienkerne
1 unbehandelte Zitrone
4 Eiweiß · 1 Prise Salz

Bei 6 Portionen etwa 340 kJ/ 80 kcal · 4 g Eiweiß · 2 g Fett 10 g Kohlenhydrate · 0 g Ballaststoffe

Vorbereitungszeit: 25 Minuten
Backzeit: 8–10 Minuten

Die Himbeeren vorsichtig waschen, gut abtropfen lassen und verlesen. Oder die tiefgefrorenen Beeren antauen lassen. • Die Himbeeren mit dem Rotwein bei schwacher Hitze 5 Minuten offen köcheln lassen, dann durch ein Sieb streichen. Die Himbeersauce mit 1 Eßlöffel Honig süßen und in eine flache Auflaufform gießen, die so groß sein muß, daß alle Nockerl nebeneinander darin Platz finden. • Den Backofen oder den Heißluftherd auf 220° vorheizen. • Die Pistazien fein hacken. • Die Zitrone heiß waschen, abtrocknen und die Schale abreiben. Die Eiweiße mit dem Salz steif schlagen. Dann den restlichen Honig unter ständigem Weiterschlagen langsam zufließen lassen. Die Zitronenschale und die Pistazien untermischen. • Mit einem in kaltes Wasser getauchten Eßlöffel Nockerl von dem Eischnee abstechen und nebeneinander in die Himbeersauce setzen. • Das Himbeersüppchen auf der oberen Schiene des Ofens 8–10 Minuten überbacken, bis die Nockerl goldgelb sind. • Das Dessert sofort servieren.

Fruchtgelee mit Sahne

Schmeckt mit beliebigen Früchten

Zutaten für 6–8 Personen:
700 ccm naturtrüber Obstsaft,
zum Beispiel Apfel-Holunder-
saft · ¼ Teel. gemahlene
Vanille · ¼ Teel. Zimtpulver
2 Prisen gemahlene Nelken
1 gehäufter Teel. Agar-Agar
500 g Früchte der Saison, zum
Beispiel blaue Trauben
100 g Sahne · 1 Eßl. Ahornsirup
etwa 12 Pistazienkerne

Bei 8 Portionen etwa 580 kJ/ 140 kcal · 1 g Eiweiß · 5 g Fett 23 g Kohlenhydrate · 1 g Ballaststoffe

Zubereitungszeit: 30 Minuten
Kühlzeit: 1 Stunde
Fertigstellung: 15 Minuten

Den Saft (bis auf 1 Eßlöffel) mit der Vanille, dem Zimt und den Nelken verrühren. Die Flüssigkeit erhitzen, jedoch nicht kochen lassen. • Das Agar-Agar in dem restlichen Saft verrühren und unter den heißen Saft rühren. Die Flüssigkeit etwas abkühlen lassen. • Inzwischen die Früchte vorbereiten. Die Trauben waschen, halbieren und von den Kernen befreien. Die Trauben auf Portionstellern verteilen. • Sobald die Saftmischung nur mehr handwarm ist, diese vorsichtig über die Trauben gießen und etwa 1 Stunde kühl stellen. • Dann die Sahne steif schlagen und mit dem Ahornsirup süßen. Tupfer davon auf das Gelee spritzen. • Die Pistazienkerne fein hacken und auf die Sahnetupfer streuen.

Mein Tip: Ausgezeichnet schmeckt auch Holundergelee mit gedünsteten Birnenspalten oder Orangengelee mit Kiwi- und Bananenscheiben.

Erdbeereis mit Honig

Dazu schmeckt Erdbeersalat

Zutaten für 8 Personen:
300 g reife Erdbeeren · 4 Eigelb
100 g flüssiger Honig
½ unbehandelte Orange
¼ Teel. gemahlene Vanille
1 Becher Sanoghurt (175 g)
250 g Sahne

Pro Person etwa 820 kJ/200 kcal 3 g Eiweiß · 14 g Fett · 14 g Kohlenhydrate · 1 g Ballaststoffe

Zubereitungszeit: 35 Minuten
Kühlzeit: 5–6 Stunden

Die Beeren waschen und abtropfen lassen. Die Stiele entfernen. Einige Erdbeeren kleinschneiden, die restlichen im Mixer pürieren. • Die Eigelbe mit dem Honig in einem hohen Rührgefäß verquirlen. Die Orange heiß waschen, abtrocknen und die Schale abreiben. Die Orange dann auspressen. • Die Orangenschale und 2 Eßlöffel Orangensaft mit der Vanille zur Eiermasse geben und alles mit den Quirlen des Handrührgerätes etwa 5 Minuten rühren, bis die Masse cremig ist. • Dann den Sanoghurt durchrühren und vorsichtig untermischen. Das Beerenmus und die kleingeschnittenen Erdbeeren ebenfalls untermischen. Die Sahne steif schlagen und vorsichtig unterziehen. • Die Masse in eine rechteckige Form füllen und in die Gefriertruhe oder das Tiefkühlfach stellen. • Die Erdbeermasse nach 1 Stunde und noch einmal nach weiteren 30 Minuten mit dem Pürierstab des Handrührgerätes oder dem Schneebesen durchrühren. Dann in 4–5 Stunden tiefgefrieren.

Fruchtsalate mit Nüssen

Die Früchte sollten reif und aromatisch sein

Apfelsalat mit Kokosflocken

im Bild links

Zutaten für 6–8 Personen:
1 gehäufter Eßl. Kokosflocken
50 g Sonnenblumenkerne
50 g Walnußkerne · 50 Mandeln
1 Teel. Pistazienkerne
1 unbehandelte Zitrone
2 Eßl. flüssiger Honig
3 Eßl. Calvados, ersatzweise naturtrüber Apfelsaft · ¼ Teel. Zimtpulver · ¼ Teel. gemahlene Vanille · 4–6 säuerliche Äpfel, zum Beispiel Boskop

Bei 8 Portionen etwa 800 kJ/ 190 kcal · 4 g Eiweiß · 12 g Fett 16 g Kohlenhydrate · 4 g Ballaststoffe pro Person

Zubereitungszeit: 50 Minuten
Kühlzeit: 15 Minuten

Die Kokosflocken und die Sonnenblumenkerne getrennt jeweils in einer trockenen Pfanne bei mittlerer Hitze rösten, dann abkühlen lassen. • Die Walnüsse grob hacken. Die Mandeln mit kochendem Wasser überbrühen, häuten und in Stifte schneiden. Die Pistazien hacken. • Die Zitrone heiß waschen, abtrocknen und die Schale abreiben. Die Zitrone dann auspressen. • Den Zitronensaft mit der -schale, dem Honig, dem Calvados oder dem Apfelsaft, dem Zimt und der Vanille mit einem Schneebesen verrühren. • Die Äpfel schälen, vierteln, vom Kerngehäuse befreien und in dünne Scheiben schneiden. • Die Äpfel sofort mit der Zitronensauce verrühren, damit sich das Fruchtfleisch nicht verfärbt. Die Kokosflokken, die Sonnenblumenkerne, die Walnüsse, die Mandeln und die Pistazien vorsichtig unterheben. • Den Apfelsalat 15 Minuten zugedeckt im Kühlschrank ziehen lassen.

Obstsalat mit Feigen

im Bild rechts

Zutaten für 4–6 Personen:
200 g getrocknete ungeschwefelte Feigen
150 ccm trockener Sherry, ersatzweise naturtrüber Apfelsaft · 2 unbehandelte Zitronen · 2 säuerliche Äpfel
2 Birnen · 75 g Walnußkerne
150 g Crème fraîche · 1 Eßl. Ahornsirup · ¼ Teel. Zimtpulver
¼ Teel. gemahlene Vanille

Bei 6 Portionen etwa 1500 kJ/ 360 kcal · 4 g Eiweiß · 19 g Fett 36 g Kohlenhydrate · 7 g Ballaststoffe pro Person

Quellzeit: über Nacht
Zubereitungszeit: 40 Minuten

Die Feigen mit dem Sherry oder dem Apfelsaft übergießen und zugedeckt über Nacht quellen lassen. • Die Feigen am nächsten Tag abgießen und abtropfen lassen, den Saft dabei auffangen. Die Feigen in feine Streifen schneiden. • Die Zitronen heiß waschen und abtrocknen. Von 1 Zitrone die Schale abreiben und den Saft auspressen. Den Saft und die Schale mit der Einweichflüssigkeit verrühren. • Die Äpfel und die Birnen vierteln, schälen, vom Kerngehäuse befreien und in feine Scheiben schneiden. Die Früchte und die Feigen sofort mit dem Saft vermischen. • Die Walnüsse grob hacken und unter den Obstsalat mischen. Den Salat in Portionsgläsern anrichten. • Die Crème fraîche mit dem Sirup, dem Zimt und der Vanille verrühren. • Auf jede Salatportion 1 Klecks Creme geben. • Die restliche Zitrone in Scheiben schneiden, halbieren und den Obstsalat damit garnieren.

Mousse au chocolat

Dazu schmecken frische Früchte

Zutaten für 8 Personen:
300 g halbbittere oder Mokka-Schokolade · 5 Eßl. Milch
3 mittelgroße Eier · ½ l Sahne

Pro Person etwa 1800 kJ/430 kcal
8 g Eiweiß · 34 g Fett · 23 g Kohlenhydrate · 0 g Ballaststoffe

Zubereitungszeit: 30 Minuten
Kühlzeit: 4–5 Stunden

Für ein Wasserbad in einem Topf Wasser stark erhitzen. Einen hohen Rührbecher bereit stellen. • Die Schokolade in kleine Stücke brechen, mit der Milch in den Rührbecher geben und im heißen Wasserbad unter häufigem Umrühren schmelzen lassen. • Die Eier verquirlen und unter die geschmolzene Schokolade rühren. Die Masse etwas abkühlen lassen. Wenn sie nur noch lauwarm ist, die Sahne steif schlagen und vorsichtig unter die Schokoladenmasse ziehen. • Die Mousse in eine Glasschüssel füllen und im Kühlschrank in 4–5 Stunden fest werden lassen.

Mein Tip: Sehr hübsch sieht das Dessert aus, wenn Sie die Mousse in 8 Glaskelche füllen. Dann etwas Sahne mit gemahlener Vanille steif schlagen und die Mousse damit verzieren. Auf die Sahnetupfer kann man gehackte Pistazienkerne streuen. Zur Mousse schmeckt auch Vanillesauce (Rezept nebenstehend).

Vanillesauce

Paßt zu roter Grütze und zu Gebäck

Zutaten für etwa ¼ Liter:
1 Vanilleschote
1 Eßl. Ahornsirup
1 Prise Salz · ⅛ l Milch
100 g Sahne · 2 Eigelb

Pro Person etwa 600 kJ/140 kcal
3 g Eiweiß · 12 g Fett · 6 g Kohlenhydrate · 0 g Ballaststoffe

Zubereitungszeit: 30 Minuten

Für das Wasserbad in einem Topf Wasser stark erhitzen. • Die Vanilleschote mit einem scharfen Messer der Länge nach aufschlitzen und das Mark herauskratzen. • Das Vanillemark mit dem Ahornsirup, dem Salz, der Milch und der Sahne in einem hohen, mit kaltem Wasser ausgespülten Topf erhitzen, aber keinesfalls kochen lassen. • Einen Rührbecher in das Wasserbad stellen und die Vanillemilch hineingießen. • Die Eigelbe verquirlen und mit etwas Vanillemilch verrühren. Die Eigelbe dann mit den Quirlen des Handrührgerätes unter die heiße Vanillemilch rühren. So lange weiterrühren, bis eine cremige Sauce entsteht. • Die Vanillesauce heiß oder abgekühlt servieren. Beim Auskühlen sollten Sie die Sauce häufig durchrühren, damit sich keine Haut bildet. • Die Sauce paßt zu Dampfnudeln, Rohrnudeln, Zwetschgennudeln, Apfelstrudel und Apfelkuchen. Außerdem zu Schokoladen- und Mokkaeis.

Zum Nachschlagen

Qualitativ hochwertige Zutaten sind das A und O für das gute und schmackhafte Ergebnis der Gerichte in diesem Buch. In diesem Kapitel stelle ich Ihnen Lebensmittel vor, die für die Zubereitung der Mahlzeiten verwendet werden. Sie finden Steckbriefe der Getreidesorten sowie unbekanntere Lebensmittel wie Tofu, Kichererbsen und alternative Süßmittel wie Ahornsirup und Dicksäfte. Neben so wichtigen Aspekten wie Frischemerkmalen und Inhaltstoffen führe ich bei einigen Zutaten an, wie Sie die entsprechenden Lebensmittel am besten zubereiten können.

Zum Nachschlagen

Agar-Agar

wird aus Meeresalgen gewonnen und ist reich an Mineralstoffen. Sein Kaloriengehalt ist gleich Null. Agar-Agar ist ein ausgezeichnetes Darmpflegemittel: es quillt auf und unterstützt die Darmperistaltik. Agar-Agar wird in der Vollwert-Küche statt Gelatine verwendet.

Buchweizen

ist keine Getreidesorte, sondern ein Knöterichgewächs. Buchweizen gedeiht auf kargen Böden. Das Korn besitzt einen kräftigen Geschmack mit einem Hauch Bitterkeit, ist leicht verdaulich und gut bekömmlich. Buchweizen enthält viel Eiweiß und Mineralstoffe. Sein hoher Kieselsäuregehalt ist eine Schönheitskur für Haut, Haare und Nägel. Buchweizen ist glutenfrei und somit für die Diät bei Zöliakie geeignet.
Ein Einweichen ist für Buchweizen nicht nötig, da seine Garzeit nur etwa 25 Minuten beträgt. Rösten verbessert seinen Geschmack erheblich. Süße Gerichte werden mit Vanille, Zimt, Zitronen- oder Orangenschale abgeschmeckt.

Carob

oder Karoben ist das pulverisierte Fruchtfleisch des Johannisbrotbaumes. Es enthält Vitamine, Mineralstoffe und Ballaststoffe, aber keine stimulierenden Wirkstoffe wie Kakao oder Kaffee. Es kann statt Kakao verwendet werden.

Dinkel

ist ein Vorfahre des Weizens. Er wurde bereits vor 5000 Jahren in Vorderasien angebaut. Dinkel verträgt keinen Kunstdünger, er treibt sonst aus. Das Dinkelkorn wird von einem fest haftenden Spelz umschlossen, so daß er beim Dreschen nicht aus den Spelzen fällt. Dies schmälert den Ertrag und macht einen zusätzlichen Arbeitsgang nötig. Dinkel zeichnet sich durch seinen hohen Eiweiß-, Eisen- und Magnesiumgehalt sowie seinen Reichtum an Vitaminen der B-Gruppe aus. Bereits vor 800 Jahren schrieb die Heilige Hildegard von Bingen: »Das beste Korn, macht sein Esser rechtes Fleisch und rechtes Blut, frohen Sinn und freudig menschliches Denken.« Dinkel schmeckt nußartig und eignet sich aufgrund seines hohen Gehaltes an Klebereiweiß hervorragend zum Backen.

Distelöl

enthält etwa 75% mehrfach ungesättigte Fettsäuren. Es wird aus den Samen der Färberdistel gewonnen.

Gemüse

besitzt eine hohe Nährstoffdichte, das heißt, es ist reich an Nährstoffen und arm an Kalorien. Die beste Zusammenstellung von Rohkost ist die Kombination einer Gemüsesorte, die unter der Erde, und einer, die über der Erde wächst. Beispiele dafür sind Möhren und Apfel oder rote Bete und Sauerkraut. Beim Einkauf sollten Sie nur Gemüse der Saison oder Lagergemüse wählen. Glashausgemüse enthält mehr Rückstände und ist geschmacklich nicht so intensiv. Gemüse ist ballaststoffreich, sättigt und ist kalorienarm.
Untersuchungen zeigen, daß Gemüse aus kontrolliertem Anbau nicht nur geringere Schadstoff-Rückstände, sondern auch niedrigere Nitratwerte aufweist. Spitzenreiter im Nitratgehalt sind Spinat, Weiß- und Chinakohl, Blattsalate, rote Beten, Radieschen, Rettich und Rhabarber. Man kann die Nitrataufnahme erheblich herabsetzen, wenn die äußeren Blätter und Blattrispen entfernt werden.

Über den Umgang mit Gemüse:

- Gemüse immer nur kurz und kühl lagern.
- Gründlich, aber kurz waschen. Dann abtropfen lassen. Blattsalate trockenschleudern.
- Gemüse erst unmittelbar vor der Zubereitung zerkleinern.
- Die günstigste Garmethode wählen und das Gemüse immer nur so kurz garen, daß es bißfest bleibt.
- Gemüse, außer grüne Bohnen, zugedeckt garen und das Kochwasser nicht weggießen, sondern weiterverwenden oder auch trinken.
- Gemüse nicht warm halten, weil sonst wertvolle Inhaltsstoffe verlorengehen. Lieber eventuell abkühlen lassen und erneut erwärmen.

Gerste

ist die älteste Getreidesorte, nämlich 17 000 Jahre alt. Gerste braucht nur 3–4 Monate bis zur Reife. Sie enthält reichlich B-Vitamine, das fettlösliche Vitamin E, zahlreiche Mineralstoffe und Spurenelemente. Durch Keimen von Gerste entsteht Malz, das zum Bierbrauen benötigt wird.

Auch Bierhefe wird aus gekeimter Gerste hergestellt: Zuchthefen werden auf gekeimter Sommergerste gezogen. Bierhefe enthält reichlich Vitamine der B-Gruppe, wertvolles Eiweiß, ist aber purinreich.
Gerste muß entspelzt werden, dabei wird oft der wertvolle Keim beschädigt. Deshalb sollten Sie nur die spelzenfreien Sorten Nackt- und Sprießkorngerste kaufen. Graupen oder Rollgerste sind geschälte Körner, die wegen dieser Bearbeitung nicht mehr den Anforderungen der Vollwertkost entsprechen.

Getreide

sollte möglichst aus kontrolliertem Anbau stammen. Achten Sie auf die Bezeichnung Demeter, Biodyn, Naturland, Bioland, Bio-agrar oder Anog.
Kaufen Sie nur gereinigtes Getreide. Das ist besonders wichtig, wenn Sie nicht im Reformhaus oder Naturkostladen einkaufen. Getreide sollte kühl, luftig und trocken lagern. Wenden Sie größere Mengen einmal wöchentlich, damit sich kein Ungeziefer ansiedeln kann.
Durch »Darren« wird Getreide aromatisiert, es bleibt beim Kochen körniger und wird bekömmlicher. Beim »Darren« wird die Stärke verzuckert und somit das Getreide leichter verdaulich.
Zum Darren werden die Getreidekörner in einer dünnen Schicht auf ein Backblech geschüttet und etwa 1 Stunde bei 70–80° (keinesfalls höher) gedarrt.
Gedarrtes Getreide ist noch keimfähig. Es kann gekocht oder gemahlen werden. Sollen Getreidekörner gekocht werden, so verkürzt Einweichen in kaltem Wasser über Nacht die Garzeit um mehr als die Hälfte. Das Getreide wird mit der doppelten Menge Wasser eingeweicht und im Einweichwasser gargekocht oder gequollen. Für die Herstellung von Mehl oder Schrot sollten Sie sich eine Getreidemühle anschaffen, damit Sie das Getreide immer erst unmittelbar vor dem Gebrauch mahlen können.
Nach dem Mahlen setzt durch Einwirkung des Luftsauerstoffes ein Oxidationsprozeß ein, der wertvolle Inhaltsstoffe zerstört. Aromastoffe verflüchtigen sich und nach längerem Lagern wird das Mehl durch das enthaltene Keimöl ranzig.
Getreide enthält viele, für unseren Organismus wichtige Inhaltsstoffe, wie beispielsweise Carotin, Vitamin B_1, B_2, B_6, Vitamin E, Calcium, Kalium, Eisen, Magnesium und Ballaststoffe. Carotin, die pflanzliche Vorstufe des Vitamin A, ist wichtig für die Sehkraft und die Hautbildung.
Vitamin B_1 ist beteiligt am Kohlenhydratstoffwechsel und ist wichtig für die Nervenfunktion.
Vitamin B_2 greift in viele Stoffwechselprozesse ein.
Vitamin B_6 ist wichtig für die Ausnutzung und den Transport von Eiweiß.
Vitamin E wirkt als Zellschutz.
Calcium ist ein wichtiger Baustein von Knochen und Zähnen.
Eisen ist wichtig für die Blutbildung. Die Eisenaufnahme ist besonders bei Kindern, Jugendlichen und Frauen im gebärfähigen Alter wichtig.
Magnesium beeinflußt den Energiestoffwechsel und hat wesentlichen Einfluß auf die Muskeltätigkeit.
Kalium reguliert den osmotischen Druck innerhalb der Zellen und das Säuren-Basen-Gleichgewicht.
Ballaststoffe sind unverdauliche Pflanzenbestandteile, die im Darm aufquellen und die Transportzeit des Speisebreis verkürzen.
Phosphat liegt im Getreide hauptsächlich in Form von Phytin, vor allem in den Randschichten und im Keimling vor. Phytin bindet andere Mineralstoffe wie Calcium, Eisen und Zink an sich. Ein ebenfalls im Getreide enthaltenes Enzym, Phytase, kann Phytin abbauen. Dazu ist Feuchtigkeit und Zeit notwendig. Daher muß geschrotetes Getreide für den Frischkornbrei über Nacht eingeweicht werden; Teige sollen etwa 30 Minuten ruhen, bevor sie weiter verarbeitet werden, da die Phytase durch feuchte Hitze beim Kochen und Backen zerstört wird.

Grünkern

ist Dinkel (siehe Seite 108), der grün, das heißt in der Milchreife geerntet und anschließend gedarrt wird. Das Darren verleiht ihm ein würziges, rauchiges Aroma.
Grünkern eignet sich zur Zubereitung von Suppen, Bratlingen, Aufläufen und Salaten.
Grünkern wird, wie alle anderen Getreidearten, in der doppelten Menge Wasser gegart. Das heißt: 1 Tasse Grünkern, 2 Tassen Wasser. Da er in der Milchreife geerntet wird, eignet er sich nicht zum Keimen.

Zum Nachschlagen

Hafer

ist die jüngste und fettreichste Getreidesorte. Er läßt sich nur in einer Getreidemühle mit Stahlmahlwerk mahlen.
Die Eiweißzusammensetzung von Hafer ist besonders hochwertig und er hat von allen Getreidesorten den höchsten Vitamin-B_1-Gehalt. Dem Hafer wird eine belebende und aktivierende Wirkung nachgesagt. Die enthaltenen Quell- und Schleimstoffe machen diese Getreidesorte so magen- und darmfreundlich. Gewöhnlicher Hafer muß geschält werden; dabei geht teilweise auch die Keimfähigkeit verloren. Verwenden Sie deshalb besser die Sorten Nackt- oder Sprießkornhafer. Haferflocken werden aus geschälten und gedarrten Haferkörnern durch Quetschen hergestellt. Da das Keimöl durch Luftsauerstoff ranzig wird und bitter schmeckt, müssen die Flocken durch Erhitzen haltbar gemacht werden. Haferflocken sind deshalb, ebenso wie alle anderen Getreideflocken, keine Frischkost. Geschroteter Hafer, der über Nacht eingeweicht wird, schmeckt leicht bitter. Deshalb Hafer für den Frischkornbrei erst am Morgen schroten. Hafer eignet sich gut zum Darren, da die Körner dann besonders aromatisch schmecken.

Haselnußöl

wird durch Pressen von Haselnüssen gewonnen. Es besitzt ein feines Aroma, das zu allen Gemüse- und Blattsalaten paßt.

Hefe

besteht aus Kleinstpilzen, die in Verbindung mit Flüssigkeit und Wärme wachsen. Die dabei entstehende Kohlensäure lokkert den Teig. Frische Hefe wird in Würfel zu 42 g abgepackt. Sie muß geschmeidig und weich sein und kühl gelagert werden.
Die ideale Temperatur für die Zubereitung des Hefeteiges beträgt etwa 40° Teigtemperatur. Für 500 g frisch gemahlenes Mehl werden 1½ Würfel Hefe benötigt.

Hefebrühen

sind Suppenpasten, die aus Edelhefe hergestellt werden. Sie sind reich an Vitaminen der B-Gruppe und Aminosäuren. Da sie auch Purine enthalten, ist bei erhöhtem Harnsäurespiegel Vorsicht geboten. Hefebrühen kommen mit und ohne Gemüse, gesalzen und kochsalzarm in den Handel.

Hirse

kennen viele leider nur als Vogelfutter oder aus dem Märchen. Hirse ist das kleinste Getreidekorn, enthält reichlich Mineralstoffe wie Magnesium, Kalium, Phosphor und Eisen und ist glutenfrei. Hirse hat von allen Getreidearten den höchsten Kieselsäuregehalt und wird deshalb wegen seiner Wirkung auf Haare, Haut und Nägel das Schönheitsgetreide genannt. Außerdem enthält das Getreide reichlich Vitamin B_1, B_2 und E. Hirse schmeckt beispielsweise als Beilage, in Aufläufen und als Gemüsefüllung.

Hülsenfrüchte

Die bei uns verzehrten Hülsenfrüchte werden größtenteils importiert. Sie haben von allen pflanzlichen Produkten den höchsten Eiweißgehalt mit lebensnotwendigen Aminosäuren. Ergänzt man eine Hülsenfruchtmahlzeit noch mit anderem pflanzlichen Eiweiß, beispielsweise mit Getreide, so erreicht das Eiweiß eine noch höhere Wertigkeit. Hülsenfrüchte enthalten, mit Ausnahme der Sojabohne, die einen Fettgehalt von 18% hat, wenig Fett, reichlich Kohlenhydrate, Ballaststoffe, Mineralstoffe und Vitamine.
Achten Sie beim Einkauf darauf, daß die Hülsenfrüchte glatt und glänzend sind und aus der letzten Ernte stammen. Bei luftiger und kühler Lagerung können sie bis zu 1 Jahr aufbewahrt werden.
Ungeschälte Hülsenfrüchte werden vor der Zubereitung über Nacht in Wasser eingeweicht, da das die Garzeit verkürzt. Eine Ausnahme bilden Linsen, die ohnehin eine kurze Garzeit haben.

Für 250 g Hülsenfrüchte rechnet man 1 bis 1½ l Wasser. Hülsenfrüchte, die an der Oberfläche schwimmen, werden aussortiert. Die gequollenen Hülsenfrüchte mit dem Einweichwasser zugedeckt garen. Je älter sie sind, desto länger die Garzeit.
Die einzelnen Sorten finden Sie unter dem entsprechenden Stichwort.

Kartoffeln

dürfen keine Faulstellen, keine grünen Stellen, die das giftige Solanin enthalten, und keine Keimansätze haben.
Festkochende Sorten, zum Beispiel Hansa, eignen sich für Kartoffelsalat und Röstkartoffeln. Vorwiegend festkochende Kartoffeln, zum Beispiel Sieglinde, Grata und Clivia eignen sich für Pell- und Röstkartoffeln. Mehlig kochende Sorten wie Irmgard, Datura und Maritta verwendet man für Püree, Reibekuchen, Suppen und Eintöpfe. Kartoffeln sollten Sie möglichst in der Schale garen, damit der Vitaminverlust gering bleibt. Kartoffeln immer luftig, kühl und dunkel, aber keinesfalls im Kühlschrank und immer getrennt von anderem Gemüse und Obst, lagern.

Keimlinge oder Sprossen

haben eine lange Tradition. Keimling oder Sprosse nennt man den Trieb der Pflanze innerhalb der ersten Keimtage. Ein trockenes Samenkorn befindet sich im Ruhezustand. Durch Einweichen in Wasser quillt der Same, die Schale platzt und die Entwicklung des Keims beginnt. Dabei wird neues Pflanzenmaterial gebildet und eine so hohe Nährstoffkonzentration erreicht, wie sie die Pflanze später nie wieder enthält. Der Gehalt an wertvollem Eiweiß, an Vitaminen und Mineralstoffen steigt, während der Energiegehalt sinkt. In den Keimlingen von Hülsenfrüchten werden blähungsverursachende Stoffe abgebaut, so daß ihre Verträglichkeit steigt. Zum Keimen eignen sich Getreide wie Weizen, Hafer, Roggen, Gerste, Hülsenfrüchte wie Mungobohnen, Kichererbsen, Linsen, Alfalfa, Bockshornklee und Samen wie Buchweizen, Senf, Rettich, Kresse, Sesam, Leinsamen und Sonnenblumenkerne.
Kaufen Sie die Samen nur aus kontrolliertem Anbau, sie dürfen nicht gebeizt sein.

Zum Keimen gibt es im Handel verschiedene Gefäße. Sie können aber auch ein Weckglas von etwa 1½ l Inhalt verwenden. Dazu brauchen Sie nur noch Wasser, Sauerstoff, Licht und Zimmertemperatur. Und so wird es gemacht: Bedecken Sie den Boden des Glases mit Samen und gießen Sie etwa bis zur Hälfte Wasser an. Das Glas dann wegen der Schmutzpartikel in der Luft mit Mulltuch zudecken und die Samen über Nacht stehenlassen. Am nächsten Tag auf einem Sieb gut abtropfen lassen, dann wieder in das Glas geben und zugedeckt auf die Fensterbank, aber nicht in die pralle Sonne, stellen. Die Zimmertemperatur sollte 18 bis 22° betragen. Nun jeden Morgen und Abend Wasser aufgießen und nach 10 Minuten wieder abgießen. Eine Ausnahme bilden Kresse und Leinsamen. Diese schleimbildenden Samen werden nur 4 Stunden eingeweicht und auf Filterpapier, das ständig feucht sein soll, gezogen. Die fertigen Sprossen kalt abspülen und abtropfen lassen. Am wertvollsten sind sie roh im Frischkornbrei oder im Salat. Gekeimte Soja- und Mungobohnen sollten, wenn sie reichlich verzehrt werden, vorher etwa 3 Minuten blanchiert werden. Sie enthalten einen giftigen Stoff, der beim Garen abgebaut wird.
Die Nitratbelastung von Keimen ist zwar im Verhältnis zu anderen Pflanzen geringer, jedoch nicht unerheblich. Bei einer längeren Keimzeit (etwa 6 Tage) wird der Nitratgehalt wieder reduziert. Der hohe Vitamin-C-Gehalt in Keimen übt außerdem wahrscheinlich eine Hemmwirkung auf die Bildung von Nitrosaminen aus.
Weizen-, Hafer- und Alfalfasprossen passen in den Frischkornbrei, zur Rohkost und zu Blattsalaten. Mungosprossen schmecken in Tomatensalat, Lauchgemüse und Suppen. Kresse und Senfkeimlinge sind scharf und passen am besten zu mildem Käse oder als Würze in Gemüsesuppen.

Kichererbsen

sind gelbe bis hellrote Samen und haben einen nußähnlichen Geschmack. Sie werden über Nacht eingeweicht und dann etwa 50 Minuten gegart.
Kichererbsen schmecken als Püree mit Sesampaste, als Suppe, Eintopf oder mit Rohkost als Salat.

Zum Nachschlagen

Kokosfett, chemisch ungehärtet

gibt es im Reformhaus und Naturkostladen. Hierfür werden nur Fette verwendet, die nicht gehärtet werden müssen. Härtung ist ein industrieller Vorgang, bei dem ein Teil der ungesättigten Fettsäuren in gesättigte umgewandelt wird und dadurch ein festes Fett entsteht.

Kürbiskerne

stärken die Blasenfunktion. Sie enthalten etwa 30% Eiweiß, etwa 50% Fett mit ungesättigten Fettsäuren und reichlich Vitamine und Mineralstoffe. Außerdem 588 kcal je 100 g. Kürbiskerne passen gut zum Frischkornbrei, zu Obst und Gemüse, in Getreidefüllungen und in den Brotteig. Kürbiskerne verschlossen und kühl aufbewahren.

Kürbiskernöl

hat einen hohen Gehalt an Linolsäure. Es eignet sich für die Zubereitung von Salat- und Remouladensaucen.

Leinöl

enthält etwa 70% mehrfach ungesättigte Fettsäuren. Es wirkt stoffwechselaktivierend und besitzt einen sehr intensiven Geschmack. Eine schlesische Spezialität sind Pellkartoffeln mit Quark und Leinöl.

Leinsamen

enthalten darmfreundliche Quell- und Schleimstoffe sowie einen hohen Anteil mehrfach ungesättigter Fettsäuren. Sie sollten vor ihrer Verwendung – am besten in der Mohnmühle – gemahlen werden. Eine spezielle Züchtung gelber Leinsamen braucht nicht gemahlen zu werden. Leinsamen sind ein hervorragendes Darmpflegemittel. Sie werden über den Frischkornbrei, über Obst- und Gemüsesalate gestreut. Die Samen verschlossen und kühl aufbewahren.

Linsen

gibt es in verschiedenen Farben und Größen. Berglinsen sind besonders aromatisch. Rote Linsen haben einen feinen Geschmack; da sie geschält werden, sind sie nicht mehr vollwertig. Dunkelgrüne Linsen schmecken besonders kräftig. Linsen werden mit Essig süß-sauer abgeschmeckt.

Mais

wurde in Mexiko schon 4000 Jahre vor Christi Geburt angebaut. Das Getreide, der Körner- oder Feldmais, wird zu Maisgrieß und zu Maismehl verarbeitet. Der Gemüse-, Zucker- oder Puffmais wird milchreif geerntet und schmeckt angenehm süßlich.
Mais ist reich an Vitamin A und E sowie an Magnesium. Das Getreide enthält keinen Kleber. Dies spielt bei manchen Formen der Diäternährung, beispielsweise der Zöliakie, eine Rolle. Zöliakie-Kranke dürfen kein Gluten (Klebereiweiß) essen. Wegen des Mangels an Kleber eignet sich Maismehl nicht zum Backen.
Gemüsemais paßt zu Hülsenfrüchten, die als Salat zubereitet werden. Das Eiweiß der Hülsenfrüchte, besonders das der Bohnen, und das des Maises ergänzen sich optimal.

Maiskeimöl

enthält 56% mehrfach ungesättigte Fettsäuren. Es ist geschmacksneutral und zur Zubereitung von Rohkostsalaten und Mayonnaisen geeignet.

Mandelöl

wird aus süßen Mandeln gewonnen, ist besonders gut verträglich und hat eine günstige Wirkung bei Magen- und Darmempfindlichkeit. Das Öl besitzt den typischen Mandelgeschmack und eignet sich besonders für die Zubereitung von Gemüsesalaten.

Milch und Milchprodukte

Vorzugsmilch ist eine besonders überwachte Milchsorte, die unverarbeitet und mit unverändertem Fettgehalt angeboten wird.
Alle anderen angebotenen Milchsorten werden entweder homogenisiert, pasteurisiert oder ultrahocherhitzt.
Beim Entrahmen der Milch sinkt der Gehalt an fettlöslichen Vitaminen. Kalorienbewußte sollten besser geringe Mengen Vollmilch als viel entrahmte Milch trinken. Das gilt ganz besonders für die Ernährung von Kindern. Sauermilchprodukte wie Dickmilch, Joghurt, Kefir und saure Sahne enthalten Milchsäure: die rechtsdrehende L(+)Milchsäure und die linksdrehende D(–)Milchsäure. Rechtsdrehende Milchsäure wird im Körper problemlos abgebaut, nicht so die linksdrehende. Achten Sie deshalb beim Einkauf auf Sauermilchprodukte mit vorwiegend rechtsdrehender Milchsäure.

Mohn

Die ölhaltigen schwarzen, etwa 1 mm großen Samen der Mohnpflanze werden entweder zu Speiseöl gepreßt, als Füllung oder zum Bestreuen von Backwaren verwendet. Sie enthalten reichlich Vitamin E.

Obstessig

ist reich an Mineralstoffen, besonders an Kalium. Mit seinem Säuregehalt von 5% wird er wie Weinessig verwendet.

Öle

Verwenden Sie für Ihre tägliche Rohkost kaltgepreßte Öle aus erster Pressung mit einem hohen Anteil an mehrfach ungesättigten Fettsäuren. Diese Öle dürfen, mit Ausnahme des Olivenöls nicht hoch erhitzt werden, da sie sonst wertvolle Inhaltsstoffe verlieren. Öle sollen kühl und dunkel gelagert und nach dem Öffnen schnell verbraucht werden.

Olivenöl

enthält 8–10% mehrfach ungesättigte Fettsäuren und ist auch zum Kochen und Braten geeignet.

Reis

ist das Hauptnahrungsmittel der asiatischen Völker. Es gibt etwa 4000 Reissorten. Für die Vollwerternährung werden nur der Langkorn- und der Rundkorn-Naturreis verwendet. Langkornreis ist 6–8 mm lang und schmal. Er wird beim Kochen trocken und körnig. Rundkornreis ist 4–6 mm lang und dicker. Er wird beim Garen weich und klebrig. Weißer Reis ist geschält und entkeimt. Er ist lange haltbar, ernährungsphysiologisch jedoch nicht so wertvoll wie Naturreis.
Parboiled Reis ist ebenfalls geschälter Reis, bei dem ein Teil der Nährstoffe vor dem Schälen in das Korninnere gepreßt wurde. Weißer Reis und parboiled Reis spielen wegen ihrer Bearbeitung in der Vollwertküche keine Rolle.
Naturreis enthält die leicht verdauliche Reisstärke, besonders viele B-Vitamine, viele Mineralstoffe wie Kalium und Ballaststoffe. Reis ist glutenfrei und somit für die Diät bei Zöliakie einsetzbar.
Rundkorn-Naturreis eignet sich zur Herstellung von Bratlingen, Reisbällchen, Milchreis und Reisauflauf, Langkornreis als Beilage.

Roggen

ist als kräftig und aromatisch schmeckendes Brotgetreide bekannt. Roggen zeichnet sich durch einen besonders hohen Gehalt an Eisen, Kalium, Phosphor, Magnesium und Ballaststoffen aus. Das Eiweiß von Roggen ist hochwertiger als das von Weizen. Zur Brotherstellung muß Roggen mit Sauerteig verarbeitet werden, da Hefe allein zur Lockerung des Teiges nicht ausreicht. Leichter verdaulich wird Roggen durch Darren. Gekochte Roggenkörner schmecken beispielsweise mit Erbsen und Möhren als Salat und mit Nüssen als Füllung für Gemüse.

Zum Nachschlagen

Sauerteig

ist ein Triebmittel, das man vor allem beim Backen von Roggenbroten verwendet. Sauerteigbrote halten sich länger frisch als Hefebrote und sättigen anhaltender. Sauerteig gibt es im Reformhaus und Naturkostladen fertig zu kaufen. Er läßt sich aber auch aus Roggenschrot und Wasser selbst zubereiten.

Sesamsamen

bestehen zu etwa 50% aus Fett mit einem hohen Anteil der wertvollen Linolsäure. Sesam enthält die Vitamine A, B_1 und B_2, Lecithin und Mineralstoffe. Besonders aromatisch schmeckt gerösteter Sesam. Sesam wird zum Brotbacken, für Kuchen, Gebäck, Reisgerichte, Obstsalate und zum Panieren von Getreide- und Gemüsebratlingen verwendet. Sesam verschlossen und kühl aufbewahren.

Sojabohnen

gibt es schwarz, gelb, grün und rot. Aus den Bohnen werden Miso (eine Paste zum Würzen von pikanten Gerichten), Sojasauce und -mehl hergestellt. Gekochte Sojabohnen werden zu Salaten und Eintöpfen, die grüne Mungobohne zum Keimen verwendet.

Sojamehl

wird aus gedämpften Sojabohnen gewonnen, ist eiweißreich und kann ohne Geschmacksveränderung mit Vollkornmehl im Verhältnis 1:4 gemischt werden. Für alle, die unter einem erhöhten Cholesterinspiegel leiden, und Eier sparen oder meiden müssen, kann jedes Eigelb durch 1 gestrichenen Eßlöffel Sojamehl ersetzt werden.

Sojaöl

enthält etwa 60% mehrfach ungesättigte Fettsäuren und hat unter den Speiseölen den höchsten Lecithingehalt. Es ist nur selten kaltgepreßt erhältlich.

Sonnenblumenkerne

sind geschält im Reformhaus oder Naturkostladen erhältlich. Sie enthalten etwa 50% Fett mit einem hohen Gehalt an mehrfach ungesättigten Fettsäuren, 25% Eiweiß und 582 kcal je 100 g. Sonnenblumenkerne sind reich an Carotin und Vitamin E sowie an Mineralstoffen.
Sonnenblumenkerne passen zum Frischkornbrei, an Salate und in Brot. Besonders aromatisch schmecken sie geröstet. Sonnenblumenkerne verschlossen und kühl aufbewahren.

Sonnenblumenöl

hat einen Anteil von etwa 63% mehrfach ungesättigten Fettsäuren. Es paßt zu allen Salaten und ist besonders zur Herstellung von Mayonnaisen geeignet.

Süßungsmittel,

wie Haushaltszucker, Traubenzucker, Fruchtzucker, Milchzucker und brauner Zucker sind isolierte Zucker und werden in der Vollwerternährung nicht eingesetzt, da sie nur Energie, aber weder Vitamine, noch Mineralstoffe oder Ballaststoffe liefern. Diese Zuckersorten werden schnell vom Blut aufgenommen. Dabei steigt der Blutzuckerspiegel steil an und belastet die Bauchspeicheldrüse. Zucker ist ein Vitamin-B_1-Räuber und stört den Calciumstoffwechsel. Zucker trägt zur Krankheitsentstehung von Diabetes, Karies, Stuhlverstopfung und Arteriosklerose bei. Möglicherweise werden auch Krebserkrankungen durch einen hohen Zuckerkonsum begünstigt.
Was kann dagegen getan werden? Trainieren Sie ihre Geschmacksnerven, indem sie die Menge der Süßungsmittel langsam, aber stetig reduzieren. Statt isoliertem Zucker können pürierte Früchte oder Trockenobst zum Süßen verwendet werden.
Alternative Süßmittel sind
- Honig. Er besteht aus natürlichem Trauben- und Fruchtzucker, organischen Säuren, Enzymen, Pollen, Aromastoffen und bakteriziden Wirkstoffen. Jedoch dieselbe Menge Honig zu essen wäre ebenso schädlich wie der hohe Zuckerkonsum. Beim Erhitzen von Honig geht ein Teil seiner Nährstoffe verloren.
- Ahornsirup, Zuckerrübensirup, Melasse und Malzzucker sind verarbeitete, erhitzte Produkte, die ebenfalls nur sparsam verwendet werden sollen.
- Zuckerrohrgranulat ist der eingedickte Saft des Zuckerrohres. Es enthält noch beträchtliche Anteile der Inhaltsstoffe des Zuckerrohres.

Wichtig: Entscheidend ist nicht, um wieviel gesünder alternative Süßungsmittel im Vergleich zu isolierten Zuckern sind, sondern die Menge. Süßungsmittel sind keine Lebens-, sondern Genußmittel.

Tofu

oder Sojabohnenquark ist reich an Eiweiß, aber fett- und kalorienarm: Tofu ist cholesterinfrei und enthält Vitamine der B-Gruppe, Vitamin E, Eisen, Phosphor, Kalium, Natrium und Calcium. Tofu ist geschmacksneutral und muß deshalb kräftig gewürzt oder vor der Zubereitung beispielsweise in Sojasauce mariniert werden.
Tofu läßt sich panieren, in Butter braten oder im Mixer pürieren und pikant oder süß abschmecken.

Tomatenketchup

erhalten Sie im Reformhaus aus Tomatenmark, Salz, Essig, Honig und Kräutern ohne chemische Zusätze. Es ist kein Vollwertlebensmittel, jedoch vor allem für Kinder eine beliebte Geschmackszutat.

Tomatenmark

wird durch Passieren reifer Tomaten und anschließendes Einkochen gewonnen. Tomatenmark ist kein vollwertiges Lebensmittel, aber als Geschmackszutat vielseitig einzusetzen.

Trockenfrüchte

werden zum Teil in Dörrkammern unter Heißluft bei 80° hergestellt. Da sich dabei das Fruchtfleisch verfärbt, werden die Früchte oft geschwefelt. Die schweflige Säure kann jedoch Kopf- und Magenbeschwerden verursachen und vernichtet Vitamin B_1.
In der Vollwertküche werden nur ungeschwefelte und unbehandelte Früchte verwendet. Sie sind ein Konzentrat aus Fruchtzucker, Fruchtsäuren, Mineral- und Ballaststoffen und sehr kalorienreich. Sie passen in den Frischkornbrei, zu süßen Aufläufen und zu Gebäck. Außerdem sind sie eine gesunde Nascherei für zwischendurch.
Die gebräuchlichsten Trockenfrüchte sind die Sultaninen, getrocknete Weinbeeren aus kernlosen Trauben. Rosinen werden aus kernhaltigen Trauben gewonnen. Korinthen sind kleine Beeren mit violetter Farbe und fast kernlos. In Kalifornien werden Sultaninen in der Sonne getrocknet. In Griechenland und der Türkei, in Südafrika und Australien werden die Trauben in eine Öl-Pottasche-Lösung getaucht, um die Haut porös zu machen, damit die Beeren schneller trocknen.

Vegetarische Gemüsebrühen

werden aus Gemüse, Hefeextrakten, Kräutern, Gewürzen und Salz hergestellt. Sie werden in Naturkostläden und Reformhäusern in Form von Granulat, Würfeln oder Pasten angeboten.

Walnußöl

hat etwa 70% mehrfach ungesättigte Fettsäuren. Es wirkt stoffwechselregulierend. Walnußöl schmeckt gut an Blattsalaten.

Weizen

ist das wichtigste Brotgetreide der Erde. Es wurde aus Emmer, Einkorn und Dinkel gezüchtet. Wegen seines hohen Gehalts an Klebereiweiß hat Weizenmehl hervorragende Backeigenschaften.
Weizenkörner und frisch gemahlenes Mehl enthalten viele Nährstoffe, die dem Auszugsmehl fehlen.
Weizenkörner eignen sich für Suppen, Aufläufe und Salate. Das Vollkornmehl wird für alle Gebäcke, süß und pikant, für Pfannkuchen, Teigwaren und zum Brotbacken verwendet.

Weizenkeimöl

enthält etwa 65% mehrfach ungesättigte Fettsäuren und ist reich an Lecithin. Es besitzt unter den Ölen den höchsten Vitamin-E-Gehalt. Weizenkeimöl ist für Rohkost geeignet.

Zuckerrohrgranulat

wird ohne Raffination aus dem eingedickten Saft des Zuckerrohrs gewonnen. Die Pflanze wächst in tropischen und subtropischen Gebieten und wird bis zu 6 Meter hoch. Zuckerrohrgranulat hat einen angenehm karamelartigen Geschmack und ist wie Haushaltszucker zu verwenden. Zuckerrohrgranulat enthält Calcium, Magnesium, Kalium, Phosphor, Eisen und Vitamine der B-Gruppe. Wie für alle Süßungsmittel gilt auch für Zuckerrohrgranulat, die verwendete Menge in Grenzen zu halten.

Der Inhalt des Buches von A bis Z

Zum Gebrauch

Hier stehen die Rezepttitel und Sachbegriffe in alphabetischer Reihenfolge. Damit Sie Rezepte mit bestimmten Zutaten aber noch schneller finden können, stehen in diesem Register zusätzlich auch die Hauptzutaten wie Sprossen oder Tomaten, ebenfalls alphabetisch geordnet, über den entsprechenden Rezepten.

Der Inhalt des Buches von A bis Z

T

U

V

W

Z

Die Autoren

Eva Rittinger

besuchte nach ihrer Ausbildung zur Hauswirtschaftsmeisterin Seminare über Vollwertkost und Gesundheitsbildung. Heute hält sie Vorträge und Kochkurse an Erwachsenenbildungsstätten und berufsbildenden Schulen, berät Hotels und Sanatorien und ist freie Mitarbeiterin des Bayerischen Rundfunks.
Eva Rittinger lebt in einem Vorort von München.

Susi und Pete A. Eising

sind Schweizer, jedoch schon seit vielen Jahren Wahl-Münchner.
Sie sind hervorragende Foodfotografen, Bildgestalter, Koch-Künstler und Kenner alles Guten auf kulinarischem Gebiet. In ihrem Studio für Lebensmittel-Fotografie entstehen zusammen mit ihrem Team seit vielen Jahren anspruchsvolle Foodaufnahmen für Bücher, Werbung, Filme und Zeitschriften.

Impressum

Das Farbfoto auf der Einband-Vorderseite zeigt: »Gefüllte Paprikaschoten«. Das Rezept finden Sie auf Seite 41. Statt der dort angegebenen Tomatensauce können Sie auch gehäutete gelbe Paprikaschoten pürieren, würzen und als Sauce servieren.
Das Bild auf der Einband-Rückseite zeigt die »Pizza mit Tomaten, Zwiebeln und Oliven«. Rezept Seite 68.

5. Auflage 1994

Redaktion: Cornelia Schinharl und Dorothee Krebs
Herstellung: Manfred Lüer und Robert Gigler
Farbfotos: Susi und Pete A. Eising, Robert Gigler (Seite 7)
Foodstyling: Susi Eising
Koch im Fotostudio Eising: Michael Kuper
Umschlaggestaltung: Heinz Kraxenberger
Reproduktionen: SKU Reproduktionen GmbH
Satz: Gerber Satz GmbH München
Druck: Mairs Graphische Betriebe
Bindung: Großbuchbinderei Monheim
ISBN 3-7742-4664-5